LES GUIDES RUSTICA

Alain Beignet

Les Oiseaux du jardin et de la campagne

Préface de Allain Bougrain-Dubourg

Éditions RUSTICA

Crédits photographiques et dessins

Photos : Alain Beignet, sauf pp. : 219, F. Cahez ; 137, L. Charbonnier ; 41, 299, L. Charbonnier/A. Beignet ; 33, F. Chefson ; 59, 107, 133, 173, 213, 227, 253, 273, J. Cortot/A. Beignet ; 201, 275, P. Garguil ; 297, 103, J.-L. Le Moigne ; 147, B. Porlier ; 189, L.-M. Préau.

Dessins : pp. 9, 10, 12, 14, 15, Dominique Mansion ; pp. 310, 312, Joël Bordier, avec l'aimable autorisation des Éditions Solar (source : documents LP0).

En couverture : martin-pêcheur d'Europe ;
page 4 : mésange bleue ;
page 6 : autour des palombes.

Maquette : Khéops, Inéluctable.
Maquette de couverture : Gérard Dumas.

ISBN : 2-84038-088-9
N° d'éditeur : 48066
Dépôt légal : mai 1995

SOMMAIRE

PRÉFACE

C'est vrai qu'il a l'air banal, le martinet. Mais lorsqu'on apprend que cet as du ciel dort en vol, boit en vol, chasse en vol, fait l'amour en vol, passe la quasi-totalité de sa vie sans toucher terre, on ne peut plus l'ignorer. Le peuple des airs lui ressemble. Du troglodyte au vanneau huppé, chaque oiseau a su dessiner ses singularités au fil de l'évolution. Et la découverte de cette prodigieuse diversité biologique s'apparente au plus beau des spectacles.

Seulement voilà, comment pénétrer dans l'intimité des oiseaux lorsque, déjà, le mot « ornithologie » semble réserver l'approche aux seuls initiés ? Rassurez-vous, la méthode est toute simple. Il suffit de lever les yeux au ciel... ou presque !

Les Oiseaux du jardin et de la campagne, *ouvrage proposé par Alain Beignet, contribuera incontestablement à favoriser cette découverte. Il a le mérite d'être clair, simple et fonctionnel.*

De plus, l'auteur a su montrer que l'oiseau reste un être fragile, qu'il mérite d'être au mieux protégé, au moins respecté. Ce guide peut devenir un compagnon de route permettant une meilleure cohabitation avec les oiseaux. C'est tout le bien que je leur souhaite.

Allain Bougrain-Dubourg,
président de la Ligue pour la Protection des Oiseaux

INTRODUCTION

DES DINOSAURES AUX OISEAUX

Les oiseaux sont les descendants directs de petits dinosaures, les théropodes. Ils sont apparus au Mésozoïque, il y a de cela plus de 150 millions d'années. En 1861, on a retouvé six exemplaires fossilisés de leurs ancêtres (conservés aux muséums de Londres et Berlin), dans les schistes jurassiques de Solnhofen et Eichstätt en Bavière, que les paléontologues ont baptisés *Archaeopteryx lithographica.* Ces animaux, dont la taille était approximativement celle d'un pigeon, présentaient à la fois des caractères reptiliens et aviens. Il est néanmoins vraisemblable qu'en dépit de leurs membres antérieurs transformés en ailes et de la présence de plumes garnissant leur queue ces « oiseaux » ne volaient que de façon très médiocre. Plus sûrement, ils pouvaient opérer des vols planés, à l'instar de certains mammifères actuels comme l'écureuil volant australien. Leur crâne ressemblait à celui des oiseaux que nous connaissons, avec une différence significative toutefois puisque leurs mâchoires étaient garnies de dents. Deux autres oiseaux qui vivaient au Crétacé (145 à 65 millions d'années avant notre ère) méritent également d'être mentionnés. Tous deux furent découverts en Amérique du Nord. L'*Hesperornis*, long de plus d'un mètre, évoquait par sa forme nos plongeons ou nos grèbes actuels. C'était sans doute un excellent nageur, mais il était incapable de voler. Le second, baptisé *Ichthyornis*, originaire des mêmes terrains, rappelle nos mouettes et goélands par sa silhouette, bien qu'il n'ait aucun lien de parenté avec eux. C'était apparemment un bon voilier. Les types d'oiseaux que nous connaissons aujourd'hui n'apparurent que plus tard, à l'époque tertiaire.

Une extraordinaire faculté d'adaptation

L'évolution des oiseaux depuis le Tertiaire a été particulièrement spectaculaire. Doués d'une extraordinaire faculté d'adaptation et capables de se déplacer sur de longues distances grâce au vol, ils ont réussi à coloniser la plupart des milieux naturels du globe : depuis les déserts jusqu'à la mer, de la montagne à la forêt tropicale, à l'exception peut-

On peut observer la sterne pierregarin sur les côtes françaises et les bords de Loire.

être de quelques zones particulièrement inhospitalières de l'Antarctique. Du minuscule troglodyte aux aigles majestueux et imposants, on ne distingue pas moins de 9 000 espèces d'oiseaux de par le monde, réparties en 24 ordres, selon les classifications les plus récentes des ornithologues. L'ordre des passériformes qui regroupe les passereaux (oiseaux chanteurs) réunit, à lui seul, plus de la moitié des espèces (70 familles et environ 5 400 espèces) !

LE POUVOIR DE VOLER

Outre le fait qu'ils peuvent se déplacer en marchant, tous les oiseaux, à quelques dizaines d'exceptions près (autruches, manchots...), ont en commun la faculté de voler. Nombre d'entre eux sont également capables de nager. Au cours de leur évolution, ils ont gagné en agilité et en légèreté. Seule la musculature de leurs ailes n'a pu être réduite. Indispensable au vol et développant une force considérable, elle représente généralement 15 à 20 % du poids de l'oiseau (jusqu'à 35 % chez certaines espèces).

La plupart de leurs os sont creux et leur rigidité est assurée par de très nombreuses entretoises internes. Ainsi, le squelette ne représente souvent qu'une faible part du poids du corps (4,5 % chez le pigeon, par exemple). Autre particularité, les os sont reliés au système respiratoire par le prolongement des sacs aériens et sont ainsi véritablement « pneumatisés ».

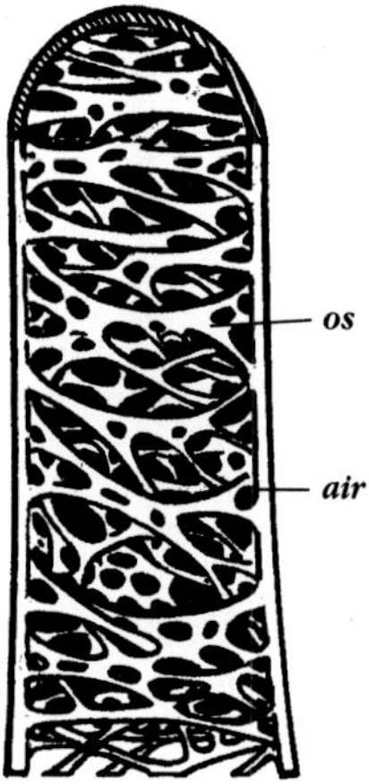

La coupe d'un os d'oiseau

Les sacs aériens s'insinuent entre les principaux organes et participent très efficacement à la respiration et au refroidissement du corps de l'oiseau. Chez le canard colvert, ils représentent jusqu'à 18 % du volume corporel.

Ces adaptations morphologiques permettent notamment aux oiseaux de voler à grande hauteur en limitant leurs dépenses d'énergie. Le plumage est également un élément déterminant dans cette faculté qu'ont les oiseaux de voler. Les plumes des ailes en particulier, les rémiges, accroissent de manière significative leur surface portante.

Des plumes de différentes natures

Les plumes différencient d'emblée les oiseaux des autres animaux. Leur nombre varie d'une espèce à l'autre (entre 1000 et 1500, en moyenne, chez les passereaux), mais aussi selon le mode de vie. Ainsi, le plumage des oiseaux aquatiques est beaucoup plus fourni que celui des espèces terrestres (plus de 25000 chez le cygne). Le plumage évolue également en fonction des saisons. Dans l'hémisphère Nord, il est généralement plus abondant en hiver.

La forme des plumes dépend de leur fonction et les ornithologues les répartissent en cinq types :

– le duvet assure l'isolation thermique du corps et sa protection contre l'eau ;

– les semi-plumes renforcent cette isolation, chez les canards et les pigeons notamment ;

– les filoplumes, sortes de capteurs en forme de poils reliés à des organes tactiles, renseignent l'oiseau sur la position de ses autres plumes ;

– les vibrisses, elles aussi en forme de poils raides, situées près du bec et des yeux, fournissent également des indications de nature sensorielle. Elles protègent les yeux de la poussière chez certaines espèces ;

LA LOCOMOTION

L'existence d'une seule paire de membres porteurs (contre deux chez les mammifères) limite les modes de déplacement, aussi la locomotion des oiseaux à terre est-elle toujours très simple. La plupart des oiseaux ont quatre doigts, plus ou moins longs. Le plus souvent, trois d'entre eux sont dirigés vers l'avant et le quatrième vers l'arrière, mais il existe des exceptions : chez le martinet, tous sont tournés vers l'avant ; chez les pics, ils sont opposés deux à deux...

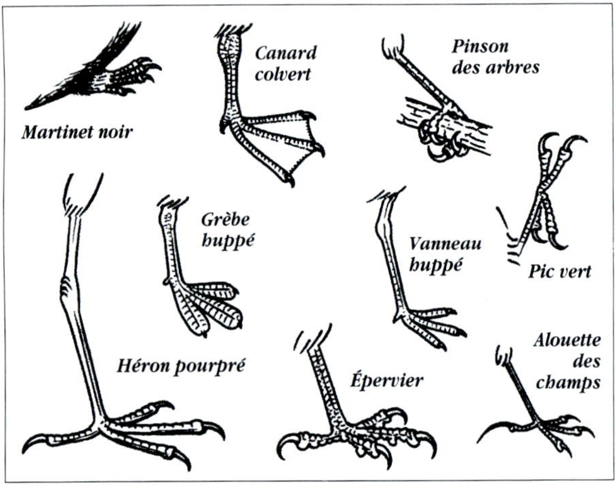

Les espèces à longues pattes, comme les échassiers, marchent ou courent. À l'inverse, la plupart des passereaux se déplacent par sauts successifs. Pour les espèces arboricoles, comme les pics ou les grimpereaux, les déplacements se font également par sauts en prenant appui sur les plumes rigides de la queue. Les griffes des doigts permettent d'affermir les prises. Les déplacements au sol des oiseaux nageurs sont souvent plus délicats car leurs pattes sont situées très en arrière du corps, en particulier chez les plongeurs. Leurs doigts sont reliés par des palmures plus ou moins complètes selon les espèces, qui leur permettent de se propulser dans l'eau. Dans certains cas, comme chez les grèbes ou la foulque macroule, les doigts sont simplement lobés.

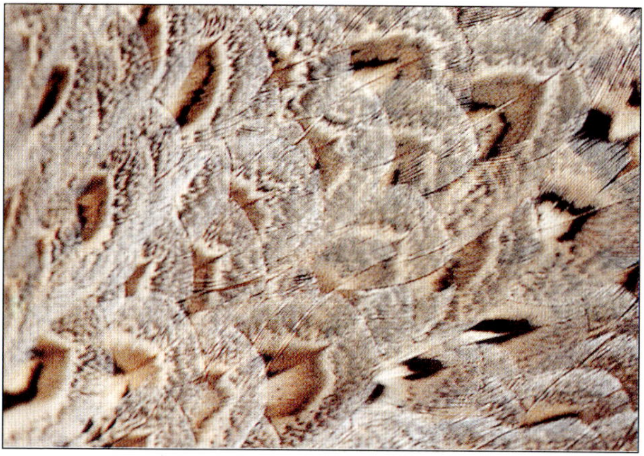

Remarquez la disposition très structurée des plumes (ici, plumage d'une faisane).

– les pennes sont les plumes du corps, des ailes et de la queue. Elles ont toutes la même structure : un axe central, creux à la base (tuyau) et plein dans sa partie supérieure (rachis). Le rachis porte de part et d'autre des barbes qui forment un vexille. Ces barbes sont accrochées entre elles par de petites barbules. Vers la base de la plume, les barbules sont sillonnées. Dotées de petits crochets, elles assurent la cohésion de l'ensemble vers l'extrémité supérieure de la plume.

Le vol

Les oiseaux utilisent essentiellement deux techniques : le vol battu et le vol plané. Le premier repose sur un effort physique et une dépense énergétique considérable. Il est l'apanage de la plupart des petits passereaux. Dans certains cas, il permet des figures étonnantes comme le

UNE TERMINOLOGIE PRÉCISE

Les pennes se subdivisent en plusieurs groupes.
– Sur le corps, les tectrices couvrent duvet et semi-plumes.
– Au niveau des ailes, on trouve les rémiges, les couvertures et les scapulaires.
– Enfin, la queue porte les rectrices.
Rémiges et rectrices jouent un rôle majeur dans le vol.

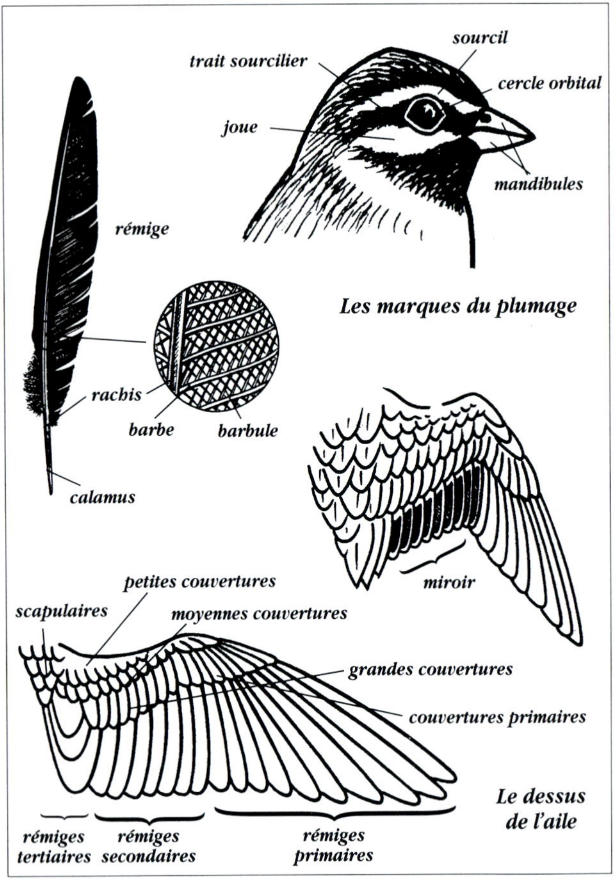

Les marques du plumage

Le dessus de l'aile

ENTRETIEN DU PLUMAGE ET MUE

Baignade, bain de sable, lissage des plumes, épouillage..., les oiseaux consacrent beaucoup de temps à entretenir leur plumage. Ils en assurent l'imperméabilité grâce à leur glande uropygienne, située à la base de la queue (croupion), qui sécrète un liquide gras dont ils enduisent leurs plumes. Les hérons et les pigeons bénéficient par ailleurs d'un duvet qui se désagrège en paillettes cireuses.

Le bécasseau maubèche parcourt de très longues distances, de la Sibérie où il niche à l'Afrique de l'Ouest où il hiverne.

vol géostationnaire, dit vol en Saint-Esprit, que pratiquent le faucon crécerelle et le martin-pêcheur. Le vol plané requiert beaucoup moins d'énergie. Il est surtout utilisé par les oiseaux de grande taille, comme les grues ou les rapaces, qui partagent leurs longs déplacements migratoires entre vol battu et vol plané.

Selon qu'elles sont longues et fines, rondes et courtes ou encore larges et digitées, les ailes des oiseaux offrent des perspectives de vol différentes, permettant parfois de véritables prouesses acrobatiques, des pointes de vitesse comme de brusques changements de direction.

Des plumes de toutes les couleurs

Les oiseaux ont toujours fasciné les hommes parce qu'ils sont capables de voler et en raison de la couleur extrêmement variée de leur plumage. Ces couleurs, les oiseaux les doivent à la fois à des phénomènes de diffusion et de réfraction de la lumière, qui s'opèrent selon la structure des éléments les plus fins de leurs plumes (reflets métallisés), et à la présence de pigments comme la mélanine (couleurs noire et brune) ou le carotène (couleurs rouge, rose-jaune et orange) que les oiseaux synthétisent à partir de leur alimentation. Les ornithologues ont par ailleurs montré que les parties sombres des plumes étaient plus rigides et plus résistantes à l'usure. Ainsi, la combinaison de

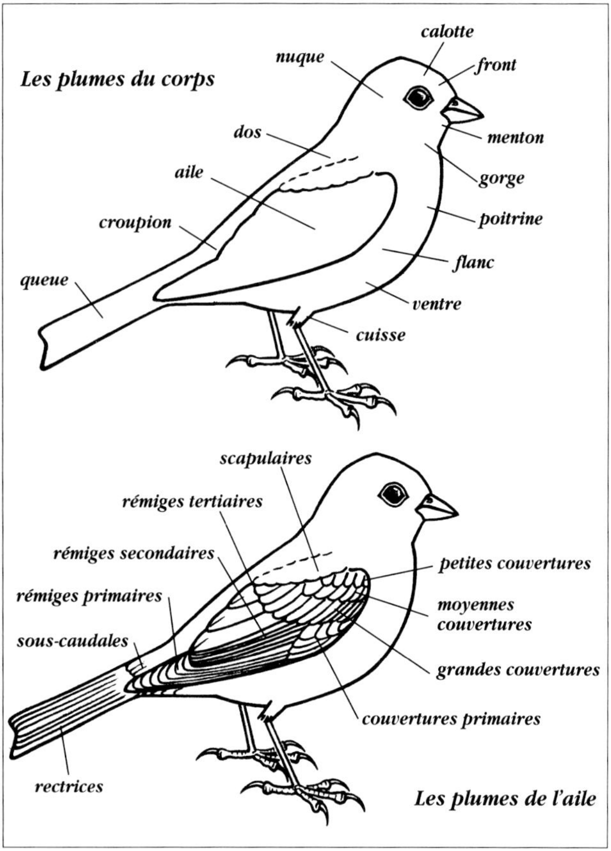

plages sombres et claires sur une rémige lui confère ses caractéristiques propres, en assurant la répartition de zones souples ou rigides qui vont favoriser tel ou tel type de prouesse aérienne.

UN APPAREIL DIGESTIF SUR MESURE

Si tous les oiseaux possèdent un bec, force est de constater que sa forme varie considérablement d'une espèce à l'autre. Elle détermine le

Les différents types de becs

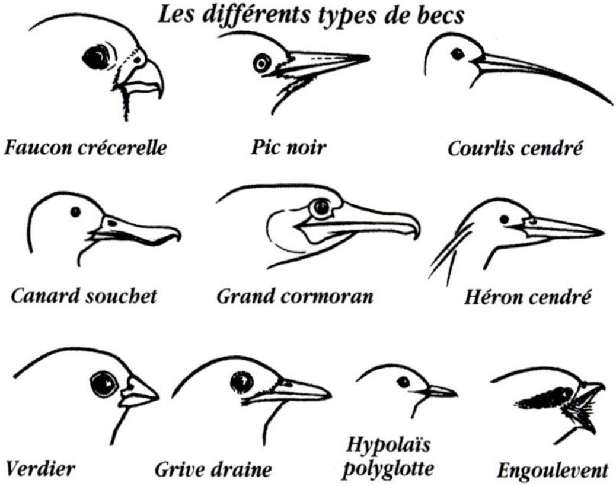

régime alimentaire de l'oiseau (à moins que ce ne soit l'inverse...) et peut pousser très loin la spécialisation d'une espèce ; d'ailleurs, c'est probablement là l'un des atouts essentiels de l'adaptation des oiseaux. Elle leur permet en effet d'exploiter les ressources d'un même milieu naturel sans se livrer une concurrence alimentaire excessive.

L'œsophage, dont les parois sont extensibles, est transformé en jabot chez certaines espèces. Cela est essentiel chez les granivores, par exemple, lesquels accumulent très vite des centaines de graines en terrain découvert, puis vont se mettre à l'abri pour entamer leur digestion. Contrairement aux mammifères, l'estomac des oiseaux est scindé en deux parties : l'une glandulaire, où les aliments sont soumis aux sucs

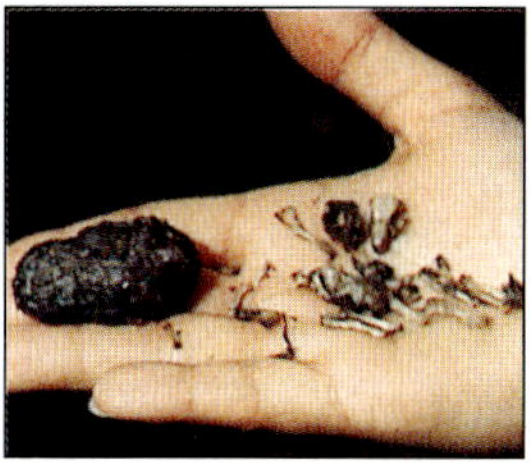

Pelote de réjection d'effraie des clochers.

LES PELOTES DE RÉJECTION

Certains oiseaux (rapaces, corvidés, laridés, martins-pêcheurs...) rejettent par le bec, sous forme de pelotes compactes, les parties indigestes de leurs proies (os, plumes, poils, arêtes de poisson...). L'analyse de ces pelotes de réjection fournit de bonnes indications sur leur régime alimentaire.

digestifs ; l'autre musculaire, le gésier, où les graines sont broyées, notamment grâce à l'ingestion simultanée de petits graviers (gastrolithes) qui favorisent leur fractionnement. La digestion est généralement assez rapide (sauf chez certains gallinacés).
Les oiseaux n'ont pas de vessie. Une grande partie de l'eau qu'ils absorbent est recyclée avant l'expulsion des fientes qui se fait par un orifice uro-génital unique, le cloaque.

UNE VUE ET UNE OUIE EXCELLENTES

Les yeux des oiseaux sont proportionnellement plus volumineux que ceux des mammifères. Ceux de la buse variable, par exemple, sont presque aussi gros que les nôtres. Ils sont en revanche moins mobiles, ce que les oiseaux compensent par une grande mobilité de la tête. Les spécialistes estiment qu'ils perçoivent à peu près la même gamme de couleurs que nous, mais les rapaces ont une vision deux à trois fois plus fine que la nôtre. Leurs yeux sont disposés sur l'avant de la tête, tandis que ceux des autres oiseaux sont généralement placés sur le côté du crâne, ce qui assure un champ visuel considérable. La bécasse des bois est ainsi capable de voir tout autour d'elle, y compris derrière ! En contrepartie, cette position latérale limite la vision binoculaire, qui apporte de la précision dans l'appréciation des distances.

Grâce à sa vue exceptionnelle, le balbuzard pêcheur est capable de détecter les poissons sous la surface de l'eau.

L'ouïe des oiseaux est également excellente et ce n'est sans doute pas un hasard si le chant et les cris jouent un rôle prépondérant dans leur biologie. Chez les passereaux, le chant permet aux mâles d'affirmer la prise de contrôle d'un territoire et d'y attirer les femelles, tout en tenant à distance les autres mâles. Les cris constituent, eux aussi, les éléments d'un véritable langage : cris de cohésion sociale, de stimulation, d'alerte, demande de becquée, cri d'appel... Enfin, c'est par l'ouïe que les rapaces nocturnes repèrent leurs proies.
Le goût semble, en revanche, relativement limité chez les oiseaux. Ils seraient néanmoins capables de reconnaître les quatre saveurs essentielles : salée, sucrée, acide et amère ; voire d'apprécier les différences de concentration de certaines substances comme le nectar. Nos connaissances sur le sujet restent, malgré tout, assez fragmentaires.
A contrario, le sens du toucher est relativement développé chez certaines espèces. Il se concentre surtout au niveau du bec, pourvu de cellules sensorielles qui permettent aux canards ou aux flamants, par exemple, de détecter la présence de graines ou de petits animaux dans l'eau et la vase.

LA VIE DES OISEAUX

Le territoire des oiseaux

Selon les périodes de l'année, la notion de territoire recouvre plusieurs réalités pour un oiseau. En période de migration ou d'hivernage, on peut difficilement parler de territoire, tout au plus s'agit-il d'un ou généralement de plusieurs sites providentiels que l'oiseau fréquente pour s'alimenter et se reposer en toute quiétude. Durant cette période, les oiseaux se montrent d'ailleurs volontiers grégaires et les regroupements d'espèces sont courants.
Au printemps, la notion de territoire trouve une légitimité plus grande, encore que d'une espèce à l'autre celle-ci puisse se traduire par bien des nuances. Traditionnellement, on estime que le territoire a trois fonctions essentielles : permettre la formation et la reproduction d'un couple, sans qu'il soit dérangé par ses congénères ; offrir l'alimentation nécessaire pour l'élevage du couple et de sa (ou ses) nichée(s) ; enfin, réduire la densité des reproducteurs et, par là-même, limiter les impacts de la prédation. Si l'on compare une espèce grégaire comme

la mouette rieuse qui niche en grandes colonies et le rougegorge qui se montre irascible envers ses congénères, on voit que la notion première de ce territoire peut prendre des sens bien différents... Enfin, il convient de préciser que plusieurs espèces peuvent aisément se partager un même territoire, dans la mesure où elles n'entrent pas en concurrence alimentaire directe.

Les parades nuptiales

Le chant est souvent la première affirmation territoriale d'un oiseau mâle au printemps, mais certaines espèces, comme la buse, le pipit des arbres ou le vanneau, se livrent également à des démonstrations aériennes. Dans certains cas, la conquête de la femelle se fait en toute simplicité, mais la plupart du temps elle relève d'un cérémonial de séduction compliqué et plus ou moins démonstratif. Les mâles de certaines espèces connaissent alors une modification sensible de leur plumage qui s'orne de couleurs plus vives. Chez les hérons, on voit ainsi apparaître des plumes érectiles que les oiseaux ébouriffent au cours d'une véritable danse nuptiale, alors que leurs pattes et leurs becs s'empourprent. La parure nuptiale des mâles de chevaliers combattants est tout simplement époustouflante.

Les femelles, qui doivent rester discrètes pendant la couvaison pour ne pas attirer les prédateurs, conservent généralement un plumage plus neutre. Les mâles sont, au contraire, chargés de détourner l'attention des intrus.

La nidification

Selon les espèces, la construction du nid incombe soit au mâle, soit à la femelle, mais c'est généralement cette dernière qui apporte la touche finale. Le coucou, lui, ne s'embarrasse guère de ces détails et confie ses œufs aux autres passereaux.

Devant la couvaison des œufs, les deux sexes ne sont pas toujours égaux, bien que chez certaines espèces on se partage équitablement cette tâche. C'est souvent la femelle qui s'en acquitte le mieux, le mâle étant fréquemment chargé de ravitailler la femelle en nourriture, notamment pendant la période d'incubation des œufs. Celle-ci peut varier d'une quinzaine de jours à plus d'un mois, selon les espèces. Les poussins des limicoles et de la plupart des oiseaux d'eau quittent leur nid quelques heures après l'éclosion. Leur corps est déjà couvert de plumes. Ce sont des nidifuges. Les nidicoles, au contraire, naissent nus et doivent patienter quelques jours ou semaines avant de quitter leur nid. Certains grands rapaces demeurent même plusieurs mois au nid. Dans la plupart des cas, mâle et femelle participent à l'élevage des jeunes jusqu'à leur émancipation. La phase d'apprentissage de la capture des proies est essentielle à la survie des jeunes prédateurs, car il est rare que leur comportement soit totalement inné. La mortalité juvénile est importante, aussi les petits passereaux doivent-ils élever plusieurs nichées pour compenser ces pertes.

Le héron cendré construit son nid au cœur des marais.

Énergie et alimentation

La température corporelle relativement élevée des oiseaux (environ 40° C pour un passereau) nécessite une énergie importante et inversement proportionnelle à leur taille. Cette dépense énergétique s'accroît de façon considérable pendant le vol ainsi qu'à certaines périodes de l'année (ponte, couvaison, mue, migration, hiver...). Pour y faire face, l'oiseau doit être en mesure de trouver une nourriture riche en protéines et facilement accessible, aussi n'est-il pas étonnant que les oiseaux passent le plus clair de leur temps à s'alimenter. Il est néanmoins important que la dépense énergétique consacrée à cette recherche soit inférieure (et cela dans une large proportion) à l'apport calorique de la nourriture, sous peine de voir l'oiseau périr. Cela explique que durant des hivers froids ou des enneigements prolongés, beaucoup de petits passereaux meurent. Dès lors, la mise à disposition de mangeoires bien garnies est une alternative non négligeable pour certaines espèces.

Le grand voyage des migrateurs

Si certaines espèces demeurent sédentaires tout au long de l'année, la plupart opèrent des déplacements saisonniers à plus ou moins grande échelle avant et après la période de nidification. Certaines effectuent même une véritable migration qui les conduit à plusieurs milliers de kilomètres de leur site de reproduction. C'est le cas de nombreux oiseaux insectivores qui seraient privés de nourriture en hiver, s'ils passaient la mauvaise saison chez nous. Néanmoins, la remarquable

DES OISEAUX ARCHITECTES

Certains oiseaux, comme les chouettes ou les faucons, ne construisent pas véritablement de nid et profitent d'une excavation dans le tronc d'un arbre mort pour déposer leur ponte. D'autres, comme les pics ou certaines mésanges, creusent une loge dans un tronc, qu'ils aménagent très sommairement. Ces espèces qui nichent dans un trou sont dites cavernicoles. Celles qui adoptent une paroi rocheuse sont dites rupestres.

Les oiseaux de grande taille, comme les hérons, la buse ou l'autour construisent des nids assez volumineux, mais rarement esthétiques, dans les arbres. C'est la solidité qui prime.

Les oiseaux qui nichent au sol comme le vanneau huppé ou la perdrix grise se contentent aussi d'un nid assez sommaire.

À l'inverse, les passereaux font souvent preuve d'une véritable recherche architecturale, sans négliger pour autant la solidité ou le confort. Le nid en boule du troglodyte ou celui, douillet, que construit le chardonneret sont des modèles du genre. Les hirondelles rustiques et de fenêtre réalisent quant à elles des maçonneries surprenantes.

Nid et ponte de grèbe huppé.

Le martin-pêcheur creuse des terriers dans les parois abruptes des fossés, comme le guêpier et l'hirondelle de rivage.

Enfin, les grèbes bâtissent un nid flottant composé de végétaux palustres qui, en se décomposant, produisent de la chaleur et préservent ainsi les œufs quand la couveuse s'absente.

endurance des oiseaux (qui pour certains partent de la Sibérie et vont jusqu'en Afrique noire), repose essentiellement sur la réserve de graisse qu'ils auront pu constituer avant leur départ et qui leur servira de combustible. Leur capacité à s'alimenter correctement est donc essentielle à leur survie. Tout dérangement intempestif dans ces périodes cruciales (chasse, observateurs et photographes indélicats...) peut ainsi avoir des conséquences désastreuses. Faute d'avoir accumulé des réserves suffisantes, ou surpris par une tempête qui leur fait consommer plus d'énergie que de coutume, nombre d'oiseaux meurent en cours de route. Beaucoup migrent d'ailleurs par étapes successives pour limiter ce risque. Les espaces protégés et réserves où ils peuvent s'alimenter correctement et se reposer sont alors essentiels.

OBSERVER LES OISEAUX

Au jardin

Le jardin offre un excellent terrain d'expérimentation pour faire connaissance avec bon nombre des passereaux présentés dans ce guide. Du sympathique rougegorge au timide accenteur mouchet, en passant par le chardonneret, vous apprendrez bientôt à distinguer la femelle brune du merle noir, ou à reconnaître le mâle de la mésange charbonnière à sa cravate plus large que celle de sa compagne. Il suffit de s'armer d'un peu de patience et d'aiguiser son sens de l'observation. Outre l'identification des différentes espèces communes qui, demain, n'auront plus de secret pour vous, les allées et venues du minuscule troglodyte ou celles de ce rougequeue noir qui vous « injurie » à chaque fois que vous allez dans le garage prendront soudain une véritable signification. Vous découvrirez qu'ils nichent non loin de là, alors

Le petit gravelot est bien difficile à repérer au milieu des graviers.

que jusqu'à présent vous l'ignoriez. À défaut de pouvoir dialoguer avec ces oiseaux, vous serez déjà en mesure de mieux les comprendre...
Une mangeoire un peu isolée des lieux de passages, bien garnie et judicieusement placée dans l'axe d'une fenêtre, vous permettra d'observer des espèces jusqu'alors insoupçonnées. Ainsi, j'ai pu voir depuis ma fenêtre de cuisine, sans même mettre le nez dehors, pas moins d'une trentaine d'espèces différentes venant s'alimenter à la mangeoire ou sur les pains de graisse que je dispose à leur attention, l'hiver. Outre les habitués – sittelle, mésanges, rougegorge, verdier ou bouvreuil –, cette nourriture attirait des espèces beaucoup moins « ordinaires » comme le pic épeiche, le bruant proyer, le farouche gros-bec et même un superbe mâle d'épervier qui se postait à l'affût sur un arbre voisin pour améliorer son ordinaire aux dépens de mes autres protégés...

Parcs urbains et édifices publics

Les parcs urbains, moins denses que les massifs forestiers, sont également des lieux privilégiés pour l'observation des oiseaux. Vous pourrez y découvrir, sans grande difficulté, le pinson des arbres et la grive musicienne, y faire connaissance avec le serin cini, le gobemouche gris et bien d'autres espèces encore. Il n'est pas rare que les étourneaux s'y rassemblent pour la nuit. Quel spectacle à la tombée du jour, lorsqu'ils sont plusieurs milliers au rendez-vous ! Ils ne sont d'ailleurs pas les seuls à occuper les lieux. Savez-vous, par exemple, que la chouette hulotte niche ainsi en plein cœur de Paris ? De son côté, le faucon crécerelle a élu domicile dans les tours de Notre-Dame. Récemment, un ami me confiait qu'il observait régulièrement le grand-duc dans un faubourg de Grenoble. Ce majestueux rapace nocturne venait y capturer les rats sur la décharge municipale !
Dans les villages, nombre d'églises hébergent leur couple d'effraies des clochers, dont on repère la présence aux fientes blanches visibles sur les murs, là où elles gagnent leur retraite. Ces édifices sont aussi recherchés par le martinet noir, le choucas des tours et l'hirondelle de fenêtre...

Champs et prés

Quittez l'enceinte de la ville ou du village pour vous promener dans la campagne : vous aurez ainsi l'occasion de partir à la découverte de nouvelles espèces. Dans les champs ouverts, recherchez l'alouette des champs, le bruant proyer et la perdrix grise. En hiver, sachez que le

Mouettes rieuses dans les labours.

vanneau huppé et le pluvier doré s'y regroupent parfois en bandes nombreuses. La présence d'un bocage est une aubaine pour observer, à la faveur des haies, une multitude d'espèces nouvelles : pie-grièche écorcheur, huppe, linotte mélodieuse, hypolaïs polyglotte, tourterelle des bois. Dans les prés, vous rencontrerez la bergeronnette grise et, en hiver, apprendrez à différencier les quatre espèces de grives. Quant à cet oiseau perché sur les fils électriques au bord de la route, voyez-vous cette tête noire et cette superbe poitrine orangée ? Le tarier pâtre, puisque c'est de lui qu'il s'agit, fait partie de ces oiseaux que vous avez déjà croisés des dizaines de fois, sans même les remarquer... À la tombée de la nuit, vous pourrez peut-être entendre le miaulement caractéristique de la chouette chevêche ou surprendre le vol chaloupé du hibou moyen-duc.

Forêts et landes

Bien que l'observation n'y soit pas toujours très aisée, les massifs forestiers permettent de faire connaissance avec les pics. Ne vous éloignez pas des lisières et des bords de chemins car, contrairement aux idées reçues, c'est là que vous pourrez surprendre le plus grand nombre d'espèces. Les landes et les coupes sont également des sites privilégiés d'observation. Bien entendu, l'apprentissage des chants est un atout qu'il vous faudra mettre dans votre jeu. Il existe pour cela disques et cassettes dont les références sont faciles à obtenir auprès

Les pommes du jardin sont particulièrement appréciées (ici, un merle femelle).

des associations. Pour observer les rapaces forestiers, placez-vous en avril sur un point dominant, à la périphérie d'un massif, et scrutez le ciel avec une paire de jumelles. Vous aurez alors toutes les chances de voir buse, bondrée, autour et épervier.

Rivières, marais et étangs

La présence de l'eau exerce un attrait particulier sur les oiseaux. Au fil des rivières rapides, vous rechercherez le cincle plongeur et le chevalier guignette. Sur des cours d'eau plus lents, vous pourrez apercevoir le martin-pêcheur et peut-être la bergeronnette des ruisseaux. Dans les forêts alluviales, vous reconnaîtrez facilement le chant des fauvettes. Avec beaucoup de patience et un peu de chance, vous pourrez peut-être surprendre le loriot, qu'on surnomme le merle d'or. Quant aux marais et aux étangs, ils comptent parmi les milieux naturels les plus riches, mais aussi les plus menacés, d'Europe. On y rencontre la plupart des limicoles, les hérons et tous les oiseaux d'eau, depuis les canards bariolés en hiver jusqu'aux grèbes et aux délicates guifettes. Certains étangs accueillent des colonies de reproduction regroupant plusieurs centaines, voire milliers d'oiseaux au printemps. Ils offrent alors un spectacle grandiose qu'il serait dommage de manquer.

MATÉRIEL ET TECHNIQUE

Quel matériel ?

Dans votre jardin, vous pourrez aisément vous familiariser avec les espèces communes sans matériel particulier, grâce à ce guide. Mais une paire de jumelles deviendra rapidement indispensable pour aller plus loin dans vos investigations. Choisissez-les lumineuses avec un grossissement moyen : 10 x 40 ou 10 x 50. Le matériel de bonne qualité est préférable au bas de gamme : si vous vous piquez au jeu de l'observation, vos yeux ne s'en porteront que mieux. Optez pour des jumelles à mise au point interne. Elles sont plus solides. Plus tard, lorsque vous sentirez vibrer en vous la fibre de l'ornithologie, vous pourrez alors faire l'acquisition d'une longue-vue terrestre avec un grossissement de 20 fois et plus. Dans tous les cas de figure, n'hésitez pas à vous adresser à une association proche de votre domicile ou à la LPO (Ligue pour la Protection des Oiseaux) qui pourra vous prodiguer quelques conseils utiles pour faire votre choix et, dans certains cas, vous faire bénéficier d'un prix d'acquisition avantageux.

Savoir rester discret

Bien entendu l'équipement ne fait pas tout, il faut aussi de la chance pour surprendre et observer dans de bonnes conditions les espèces les plus rares. Aidez-la en mettant tous les atouts de votre côté. Soyez discret et pratiquez plutôt l'affût à distance raisonnable que l'approche maladroite qui se traduit toujours par le départ de l'oiseau. Forgez-vous dès le début une règle déontologique – celle que tout ornithologue devrait adopter : **l'intérêt et la quiétude de l'oiseau priment toujours sur l'observation !**

Dans le même ordre d'idées, la recherche des nids, sauf dans un but scientifique bien établi, est à proscrire. Combien de couvées abandonnées chaque année par l'imprudence d'un observateur ? Sachez en outre qu'en vous approchant d'un nid, vous risquez de mettre un prédateur sur la piste dans les heures qui suivent... De même, la réalisation de photos d'oiseaux dans leur milieu naturel nécessite d'infinies précautions. Là encore, il convient de privilégier l'affût. Il faut impérativement bannir la photo au nid qui requiert beaucoup de temps et de connaissances. D'ailleurs, devant les progrès extraordinaires des matériels de prise de vue, la plupart des photographes animaliers professionnels renoncent aujourd'hui à cette technique, jugée trop risquée pour l'oiseau.

Enfin, la plupart des associations ornithologiques régionales organisent des stages d'initiation à la découverte et à la reconnaissance des oiseaux. Ces stages vous permettront d'acquérir plus rapidement les bases de votre nouvelle passion et de rencontrer d'autres amateurs.

IDENTIFIER UN OISEAU DANS LA NATURE

La difficulté pour identifier un oiseau réside souvent dans le fait qu'il s'agit d'un animal libre et donc mobile. Dès lors, la rapidité d'identification est essentielle. Vous devrez très vite acquérir quelques réflexes pour relever les critères qui vous permettront ensuite de mettre un nom sur votre observation. Tout d'abord, essayez de fixer sa silhouette dans votre mémoire, ses proportions. Comparez-la ensuite avec celle des espèces courantes que vous connaissez bien. Si vous le pouvez, prenez des notes. Attachez-vous ensuite aux détails : la taille, les proportions, la longueur de la queue, la forme et la longueur du bec, la répartition des grands ensembles de couleur sur le plumage. Si l'oiseau est en vol, notez les éventuelles barres alaires, la forme de la queue, la façon de voler. L'identification tient souvent à tous ces petits détails. Enfin, observez le comportement de votre oiseau, sa façon de marcher ou de sauter. Ce sont des indices précieux.

Les avocettes élégantes peuvent être observées dans les marais.

140 PORTRAITS POUR RECONNAÎTRE LES OISEAUX DU JARDIN ET DE LA CAMPAGNE

 Lieu et période d'observation

 Silhouette de l'oiseau

 Chant

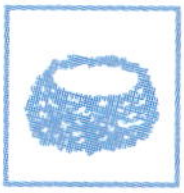 Nid

 Fréquentation des mangeoires et nichoirs

Pour faciliter la recherche, les noms des oiseaux sont classés par ordre alphabétique, leurs noms latins étant regroupés dans un index page 319.

ACCENTEUR MOUCHET

Famille des Prunellidés

Furtif, ce passereau de petite taille offre une tête et une poitrine gris ardoisé. Le manteau, brun olivâtre à brun-roux, est strié de brun-noir. Des raies noires et rousses marquent les flancs bruns, alors que le ventre est blanc grisâtre. Les pattes vont du brun au rose pâle. Le bec est sombre, droit et fin ; l'iris noisette à rouge-brun. La femelle et les jeunes paraissent plus bruns que gris.

S'observe toute l'année, dans toute la France.

Taille d'un moineau, mais plus fin. Longueur : 14,5 cm.

Babil précipité, montant et descendant (ressemble au chant du troglodyte).

Nid de brindilles et mousse verte, de construction soignée, bien caché, peu élevé.

Fréquente les mangeoires en hiver.

Mœurs

Il vit incognito. Il se signale, la plupart du temps, par ses cris plaintifs ou son chant. Ce dernier rappelle celui du troglodyte, en moins éclatant. Il n'y a guère que lorsqu'il chante qu'il se met en évidence au sommet d'un arbuste. Surnommé fort justement le traîne-buissons, il passe le plus clair de son temps au sol ou dans les basses branches, à la recherche de petites graines, vers et insectes. Commun dans les parcs et les jardins, mais toujours discret, il fréquente volontiers les mangeoires en hiver.

Nidification

Construit exclusivement par la femelle, le nid est composé de brindilles, de radicelles et de mousse verte, garni de crins ou de laine. Il est toujours très bien caché, souvent dans un buisson épais et à faible hauteur (1,50 m max.). Les œufs (4-5), bleu turquoise, sont couvés par la femelle seule. Les deux pontes annuelles sont souvent parasitées par le coucou.

Espèces voisines

La femelle du moineau domestique lui ressemble un peu, mais son bec est nettement plus épais. Voir aussi, éventuellement, le jeune rougegorge familier et le pipit des arbres.

Prunella modularis

AIGRETTE GARZETTE

Famille des Ardéidés

C'est un héron de petite taille, entièrement blanc, avec un cou bien marqué, replié en vol. Son bec effilé est noir, gris-vert à la base, ses jambes sont noires avec des pieds jaunes bien visibles en vol. En période nuptiale, sa nuque et sa gorge se parent de longues plumes érectiles. Son dos s'orne de plumes recourbées en crosse et ses pattes deviennent jaune vif. Les jeunes sont semblables aux adultes avec un bec brun. Les sexes sont identiques.

Localisée dans les estuaires, la Camargue, les vallées de la Loire et du Rhône, les régions d'étangs. Surtout au printemps et en été.

Taille intermédiaire entre les hérons cendré et gardebœufs. Longueur : 56 cm.

Silencieuse, sauf au nid où elle pousse des cris rauques : *« rhèk...krékrékré »*.

Nid dissimulé dans un arbre, saule ou pin, le plus souvent au sein d'une colonie.

Mœurs

Elle fréquente les estuaires, les régions d'étangs et les fleuves, où elle se tient volontiers à découvert. Toujours en activité, elle capture, dans des eaux peu profondes, des petits poissons, des grenouilles et leurs têtards ainsi que des insectes aquatiques. Sans être particulièrement farouche, elle se tient néanmoins à bonne distance des observateurs, mais à cause de son plumage, elle passe rarement inaperçue.

Nidification

Elle niche en colonies bruyantes avec ses congénères, souvent avec d'autres espèces de hérons. Le nid est une plate-forme de branchages assez lâche, d'une trentaine de centimètres de diamètre, établie dans la fourche d'un arbre, souvent un saule, parfois un pin, à une hauteur très variable (2 à 15 m). Il reçoit, vers la mi-avril, 4 ou 5 œufs bleu verdâtre, couvés pendant 3 semaines. Les jeunes s'aventurent rapidement dans les branches aux alentours du nid, qu'ils quittent au bout d'une quarantaine de jours.

Espèces voisines

Le héron gardebœufs est plus petit avec un bec plus épais, jamais noir. La grande aigrette est nettement plus grande (de la taille du héron cendré), et aussi plus rare.

Egretta garzetta

ALOUETTE DES CHAMPS

Famille des Alaudidés

Au beau milieu des champs, cette espèce (mâle et femelle semblables) au plumage brun clair, rayé sur le dos, passerait facilement inaperçue si elle ne manifestait sa présence par son chant célèbre, déclamé au cours d'ascensions qui la conduisent haut dans le ciel. Sa huppe courte est le plus souvent rabattue sur la tête. Ses ailes et sa queue sont frangées de blanc, bien visible à l'envol.

Dans les champs ouverts. Partout en France. S'observe toute l'année.

Facile à repérer quand elle s'élève dans le ciel en chantant. Longueur : 18 cm.

Son célèbre « *tirelire* » est presque impossible à traduire phonétiquement.

Nid très bien caché dans une dépression de terrain.

Mœurs

Elle ne se perche qu'occasionnellement, et passe le plus clair de son temps à terre ou dans les airs. Granivore en hiver, elle change de régime alimentaire au printemps, faisant alors une large place aux insectes. Son chant, sans doute le meilleur indice de son identification, est un véritable torrent de notes pratiquement impossible à reproduire phonétiquement et qu'elle déclame dès les premières heures du jour.

Nidification

Les couples se cantonnent début mars. La femelle établit au sol un nid assez lâche d'herbes sèches, dont elle garnit la coupe de matériaux plus fins, parfois de crins. Elle ne l'aborde qu'après quelques mètres parcourus à pied, vérifiant qu'elle n'est pas observée, et couve seule ses 4 œufs gris verdâtre fortement tachés de gris foncé et de brun, entre 11 et 14 jours. Le mâle participe au ravitaillement des jeunes, qui quittent le nid après une dizaine de jours mais ne volent que 2 semaines plus tard.

Espèces voisines

L'alouette lulu lui ressemble beaucoup, mais son chant est bien différent. Elle vit dans les friches buissonnantes et non dans les champs ouverts, et se perche souvent. Sa queue paraît plus courte. Voir aussi le bruant proyer, qui vit dans les zones de grandes cultures.

Alauda arvensis

AUTOUR DES PALOMBES

Famille des Accipitridés

L'adulte a un manteau brun-noir et des dessous blancs zébrés de noir. Un large sourcil clair lui donne un air sévère. Les immatures présentent des dessous roussâtres, ponctués de longues gouttes brunes. De la taille d'une buse, la femelle est nettement plus grande que le mâle. Son vol puissant est assez rapide. Ses ailes courtes et arrondies, sa queue longue sont les meilleurs indices de sa détermination.

Rapace assez rare inféodé aux grands massifs forestiers calmes. Sédentaire, sauf les jeunes, plus erratiques.

La femelle a la taille d'une buse (longueur : 60 cm), le mâle celle de l'épervier femelle (longueur : 50 cm).

Silencieux, sauf en période de reproduction (cri : « *ghiak-ghiak-ghiak...* »). Les jeunes qui s'émancipent sont très bruyants.

Nid de grande taille dans un arbre (souvent un pin) à grande hauteur (15-30 m).

Mœurs

Ce rapace forestier particulièrement discret et farouche est un chasseur qui capture oiseaux et mammifères de taille moyenne : pigeon, geai, faisan, canard, foulque, lapin de garenne... Il lui arrive même de s'intéresser aux volailles en liberté dans les cours de ferme, mais c'est surtout en bordure d'allée forestière ou en lisière qu'il pratique l'affût. Si sa proie se dérobe, il la poursuit sous bois, esquivant les branches avec une agilité surprenante.

Nidification

À la fin de l'hiver, en février-mars, il se livre à des acrobaties aériennes spectaculaires qui n'ont d'autre but que d'affirmer la prise de possession d'un territoire. Son nid construit à la fourche d'un arbre de grande taille est imposant. La femelle y pond 4 ou 5 œufs en avril et profite de plus d'un mois de couvaison pour muer. Elle se fait alors ravitailler par le mâle. Les jeunes quittent l'aire au bout de 5 à 6 semaines.

Espèces voisines

On confond souvent l'autour mâle et la femelle de l'épervier qui ont sensiblement la même taille et une silhouette voisine. Toutefois, l'épervier a des battements d'ailes plus rapides. Voir aussi les busards, la buse et la bondrée.

Accipiter gentilis

AVOCETTE ÉLÉGANTE

Famille des Récurvirostridés

De la corpulence d'un pigeon, mais juchée sur des échasses gris-bleu, elle arbore un plumage contrasté caractéristique. Le dessus de la tête et la nuque sont entièrement noirs. Les ailes sont cernées par de larges bandes noires qui se déploient en vol et tranchent singulièrement avec le reste du corps, d'un blanc immaculé. Son bec noir, fin et fortement incurvé vers le ciel, lui confère une silhouette facilement reconnaissable.

Dans les estuaires et les marais côtiers où elle niche (Vendée, Camargue, baie de Somme), dans les régions d'étangs en migration.

De la taille d'un pigeon, mais juchée sur des échasses. Longueur : 38 cm.

Cri flûté : « *klut* ». Séries plus animées et rapides au moment de la reproduction : « *kvit kvit kvit kvit...* ».

Une simple dépression au sol, agrémentée ou non de graviers, coquillages, brins d'herbes, voire crottes de lapin.

Mœurs

Toujours à découvert, elle arpente, grâce à ses pattes palmées, les vasières fluides et instables des marais et des estuaires. Balançant sa tête de droite et de gauche, elle cueille ses proies en donnant l'impression de faucher l'eau avec son bec. Elle passe de longues heures à sommeiller sur une seule patte, la tête sur le dos. Très sociable, elle s'observe facilement en groupe et se mêle volontiers à d'autres espèces.

Nidification

Elle niche en colonies plus ou moins lâches. Son nid est une simple dépression du sol, moulée par le corps et agrémentée ou non de matériaux environnants. La femelle y pond 4 œufs, en mai, qu'elle couve en alternance avec son compagnon pendant 3 semaines. Les jeunes quittent définitivement le nid quelques heures après l'éclosion, mais ils devront patienter un bon mois avant de pouvoir voler.

Espèces voisines

Il est pratiquement impossible de la confondre en raison de sa taille et de sa silhouette, même avec l'échasse blanche, qui présente à peu près le même gabarit, mais dont le manteau est entièrement noir, les pattes et le bec (droit) rouges.

Recurvirostra avosetta

BARGE À QUEUE NOIRE

Famille des Scolopacidés

Ce limicole de taille respectable, haut sur pattes avec un long bec (environ 10 cm) très légèrement retroussé vers le haut, arbore en hiver un plumage assez neutre brun-gris avec le ventre presque blanc. En vol, il est aisément reconnaissable grâce à la grande barre blanche qui traverse son aile et à sa queue blanche, bordée de noir à l'extrémité. Au printemps, sa poitrine rousse contraste avec sa gorge et son ventre clairs.

Dans les marais côtiers, les régions d'étangs et les vallées fluviales. S'observe surtout en migration.

Un de nos plus grands limicoles, entre le vanneau et le courlis cendré. Longueur : 41 cm.

Plutôt silencieuse, sauf sur ses sites de nidification où elle fait entendre un « *vètta-vètta-vètta...* » caractéristique.

Nid dissimulé dans les hautes herbes d'une prairie marécageuse. Très sensible aux dérangements !

Mœurs

Elle fréquente les marais et les étangs où elle aime patauger, ainsi que les prairies humides. Elle plonge son long bec dans la vase et les sols détrempés à la recherche de vers, qu'elle lave avant de les avaler. Ils constituent l'essentiel de son alimentation, complétée en hiver par des mollusques, du riz... Volontiers grégaire, elle s'observe souvent en compagnie du combattant varié.

Nidification

Elle niche ici et là en France, à la faveur de prairies humides, souvent pâturées, mais c'est surtout en Hollande que se concentre le gros de ses troupes. La femelle adopte l'une des excavations du sol ébauchées par le mâle pour y arranger un nid sommaire garni d'une litière d'herbes sèches. Elle y dépose 4 œufs brun olive, tachés de brun et gris. Mâle et femelle se relayent pour couver un peu moins d'un mois. Quelques heures après leur éclosion, les jeunes quittent le nid.

Espèces voisines

La barge rousse s'observe également en hiver. Plus fine et un peu plus petite, elle se différencie par un bec plus retroussé, l'absence de blanc sur les ailes et une queue brune barrée par plusieurs lignes brunes. Voir aussi le courlis cendré et les chevaliers.

Limosa limosa

BÉCASSE DES BOIS

Famille des Scolopacidés

Bien peu de gens ont pu la voir dans la nature (mâles et femelles sont identiques), mais tout le monde connaît sa silhouette. Contrainte à l'envol, elle disparaît dans un zigzag qui ne facilite pas l'observation. Courte sur pattes, c'est une boule de plumes très mimétique d'un brun-roux chamarré de noir et de gris-beige, avec une grosse tête ronde portant des yeux énormes et un bec démesurément long.

À peu près partout en France à l'exception de la Corse, mais rarement en grand nombre.

Silhouette caractéristique. Longueur : 27 cm avec un bec de 6 à 8,5 cm. Envergure : 50 à 60 cm.

Chant peu sonore, typique : succession de 3 ou 4 ronflements bas, *« gvorr-gvorr-gvorrgvorr »*, suivie d'un *« psîsst »* sec.

Nid sommaire très bien dissimulé au sol, dans une forêt.

Mœurs

À la tombée de la nuit, elle quitte volontiers la forêt pour s'alimenter dans les prairies alentour. Elle se nourrit surtout de vers de terre et de larves d'insectes, qu'elle débusque en sondant de son long bec les sols meubles. On a longtemps cru qu'elle se nourrissait essentiellement la nuit, mais des études récentes montrent qu'elle est aussi active le jour. À partir de février-mars, et même plus tôt si le temps est doux, le mâle émet un chant discret et très caractéristique : la croule.

Nidification

Parfois très tôt en saison, la femelle creuse une cuvette dans les feuilles mortes et pond 4 œufs brun jaunâtre tachés de brun sombre et de gris. L'incubation dure une vingtaine de jours. Les jeunes quittent le nid rapidement et se dispersent dans le sous-bois, où ils demeurent parfaitement invisibles. Ils sont capables de voler à 3 semaines. Une partie des femelles conduit une seconde couvée en juin.

Confusions possibles

Il ne faut pas être très doué pour confondre la bécasse avec un autre oiseau, mais il se trouve encore des chasseurs trop rapides qui abattent des chouettes ou des éperviers qu'ils ont de bonne foi pris pour une bécasse...

Scolopax rusticola

BÉCASSEAU VARIABLE

Famille des Scolopacidés

Son nom fait référence à la fois à sa taille, qui varie d'un individu à l'autre entre celle d'une alouette et celle d'un étourneau, et à son plumage. En hiver, il est gris brunâtre sur le dos, blanc dessous. En été, il arbore un manteau roux et noir, tandis que son ventre est maculé par une large tache noire caractéristique. Au printemps et à l'automne, le plumage est intermédiaire entre ces deux phases. Les sexes sont identiques.

Dans les marais littoraux et sur les étangs. Principalement en automne.

Silhouette ramassée. Taille allant de l'étourneau à l'alouette. Longueur : 17 à 19 cm.

Pousse un « *trrii* » roulé à l'envol, lorsqu'il est dérangé.

Niche au nord de l'Europe.

Mœurs

Régulièrement observé dans les régions d'étangs, au moment des assecs d'automne, le long des fleuves et sur les berges des lacs, il affectionne les estuaires et les vasières maritimes où les marées rythment son existence. Souvent regroupé en bandes importantes, il sonde la vase molle de son bec relativement court pour en extraire les petits vers qui constituent la base de son régime alimentaire. On le voit pratiquement toute l'année, notamment sur nos côtes, mais c'est au passage d'automne qu'il est le plus noté.

Nidification

Il n'a niché qu'une seule fois en Bretagne (en 1976). Ses quartiers habituels de reproduction sont en effet beaucoup plus nordiques, distribués du Groenland jusqu'à la Sibérie en passant par l'Écosse, la Scandinavie et le Spitzberg.

Espèces voisines

Dans la nature, la différenciation des bécasseaux est loin d'être évidente et requiert une certaine habitude. Celui-ci peut être facilement confondu avec le bécasseau cocorli, plus clair en hiver, dont le croupion est blanc et le bec un peu plus arqué. Le bécasseau maubèche est nettement plus gros ; le falcinelle, le minute et le bécasseau de Temminck sont plus petits. Voir aussi le chevalier guignette et le petit gravelot.

Calidris alpina

BÉCASSINE DES MARAIS

Famille des Scolopacidés

Grosse comme une grive, mais avec un bec démesurément long pour sa taille et de longues pattes, elle arbore un manteau brun sombre nuancé de jaune doré et de noir. Sa poitrine brun clair est ponctuée de taches plus sombres. Son ventre est blanc. Deux bandes brunes bien visibles ornent le faîte de sa tête, séparées par une raie plus pâle. L'œil est également traversé par une bande sombre qui court du bec à la nuque. Les sexes sont identiques.

Dans les régions marécageuses, les zones d'étangs et les vallées alluviales. S'observe surtout aux passages. Migratrice.

La bécassine la plus élancée et la moins rare. Longueur : 27 cm.

Cri bref : « *kretch* », quand elle est dérangée. Chant : « *tikke-tikke-tikke-tikke...* » rythmé, puis rapide « *dioucdioucdiouc* ».

Nid très bien dissimulé dans la végétation, dans une prairie, un marais.

Mœurs

Son nom trahit ses habitudes. Elle vit en effet dans les marais, côtiers ou non, où elle explore les vasières grâce à son long bec, à la recherche de vers et de larves. Farouche, elle se tapit au sol lorsqu'elle se sent observée, sûre de son mimétisme, et s'envole en dernier recours en émettant un cri caractéristique. Très acrobatique, son vol est une succession de zigzags qui défie l'adresse des prédateurs et des chasseurs.

Nidification

Pour nicher, elle affiche une préférence marquée pour les prairies humides et les marais. En mars-avril, ses parades nuptiales comprennent des vols spectaculaires ponctués par un chevrotement dû au frottement de l'air contre ses rectrices externes. Son nid bien dissimulé au sol accueille généralement 4 œufs couvés 3 semaines.

Espèces voisines

Les bécassines sourde et double, nettement plus rares, fréquentent parfois les mêmes marais en automne. Toutes deux sont plus courtes sur pattes et paraissent plus ramassées, avec un bec plus court. La première est plus petite, la seconde plus grosse (taille intermédiaire avec la bécasse des bois). Voir aussi les chevaliers.

Gallinago gallinago

BERGERONNETTE GRISE

Famille des Motacillidés

Sa grande queue lui donne une allure caractéristique. Selon la race, le dos et le croupion offrent un gris plus ou moins foncé, alors que le dessous est blanc. La calotte, la gorge et la nuque, noires, tranchent avec le front et le reste de la tête, blancs. Elle présente un bec fin, des pattes noires, et un iris brun sombre. Le noir est moins étendu chez la femelle. En hiver, jeunes et adultes portent des couleurs moins vives.

Dans toute la France, sauf le nord et l'est en hiver. Dans les jardins au printemps et en été.

Taille petite à moyenne, longue queue. Longueur : 18 cm.

Cri typique en vol : *« tsi-vit »*; le chant est un gazouillis discret.

Nid caché dans un tas de bois, sous un toit, entre des racines...

Niche dans les grands nichoirs à large ouverture rectangulaire. Fréquente parfois les mangeoires.

Mœurs

Sa démarche saccadée lui vaut le surnom, fréquemment employé, de hoche-queue. Elle explore avec méthode la terre retournée par le soc de la charrue ou le fer de la bêche. Nerveuse et toujours en mouvement, elle chasse les insectes au ras du sol, sur les gazons ras. Il n'est pas rare de l'observer en bande de 4 ou 5, à la fin de l'hiver et en automne.

Nidification

Les mâles arrivent les premiers sur les sites de nidification, mais participent assez peu à la construction. Le nid, placé dans un tas de bois, sous un toit ou entre des racines, est un entassement lâche de feuilles, tiges sèches et racines, avec une coupe de matériaux plus fins, garnie de crins, de laine et de plumes. Les deux pontes annuelles de 5-6 œufs blanc grisâtre, tachés de brunâtre et de gris, sont souvent parasitées par le coucou.

Espèces voisines

Impossible à confondre avec une autre espèce. Voir la bergeronnette des ruisseaux et le pipit des arbres.

Motacilla alba

BERGERONNETTE DES RUISSEAUX

Famille des Motacillidés

Elle ressemble à la bergeronnette grise, mais avec le ventre jaune citron, le dessus du corps gris-bleu et le croupion jaune-vert. Blancs, les sourcils et les moustaches éclairent les côtés de la tête, gris. Le bec est fin, sombre ; les pattes rose brunâtre. Au printemps, le mâle arbore une gorge noire (blanche en hiver) et des couleurs plus vives que sa femelle. Les jeunes ont une poitrine tachetée.

Toute l'année dans toute la France, mais plus rare en hiver. Jamais bien loin de l'eau.

Taille petite à moyenne, longue queue. Longueur : 18 cm.

Cri *« tsiip »*, plus aigu et métallique que celui de la bergeronnette grise. Le chant est un gazouillis complexe.

Niche dans l'anfractuosité d'un mur, sous un pont ou sous un toit.

Peut nicher, occasionnellement, dans les grands nichoirs à large ouverture rectangulaire.

Mœurs

On la surnomme la lavandière, car elle accompagnait autrefois les femmes au lavoir. Un peu plus farouche que la bergeronnette grise, elle n'est guère sociable à l'égard de ses congénères et délimite un territoire strict, au sein duquel elle évacue tout intrus. Elle se nourrit de petits insectes qu'elle chasse au vol. Elle chante fréquemment au printemps.

Nidification

Le nid, souvent établi dans la cavité d'un mur ou sous un pont, est tout à fait semblable à celui de la bergeronnette grise. Chaque moulin, ou presque, en abrite un. Occasionnellement, celui-ci peut être établi assez loin de l'eau. Le mâle participe à la construction — qui atteint 6 à 7 cm de diamètre —, et relaye la femelle pour couver les 4 à 6 œufs blanc jaunâtre, finement ponctués de gris et de roux. Elle pond deux ou trois fois dans l'année, souvent dans le même nid restauré.

Espèces voisines

La bergeronnette printanière lui ressemble beaucoup, mais a le dos olivâtre, la queue plus courte et pas de bavette noire. On l'observe en été uniquement. Voir aussi la bergeronnette grise.

Motacilla cinerea

BIHOREAU GRIS

Famille des Ardéidés

La grosse tête de ce héron trapu et bas sur pattes semble posée sur ses épaules comme s'il n'avait pas de cou, contrairement à la plupart des autres ardéidés. Les deux ou trois filets blancs qui y sont piqués retombent sur son dos. Mâle et femelle ont le dos et le dessus de la tête noirs, les ailes et la queue gris cendré. Le reste du corps est blanc crème. Les immatures ont un manteau brun, ponctué de larges taches jaunâtres.

Çà et là, en France, le long des fleuves et dans les régions d'étangs. De fin mars à octobre.

De la taille d'une buse, trapu avec une grosse tête et un cou épais et court. Longueur : 60 cm, envergure : environ 1 m.

Émet un « *mouack* » typique évoquant une sorte de croassement.

Nid de branchage assez volumineux, le plus souvent dans un saule, au sein d'une héronnière.

Mœurs

Les Anglo-Saxons l'appellent « héron de nuit » et il est en effet peu enclin à se déplacer dans la journée. Ce n'est qu'en fin d'après-midi qu'il quitte sa retraite pour aller pêcher quelques poissons, mais aussi des grenouilles, des têtards et à l'occasion des couleuvres à collier. Il ne dédaigne pas pour autant les insectes aquatiques ou leurs larves et on l'a même vu en train de piller le nid de ses congénères.

Nidification

De retour fin mars, il rejoint rapidement ses héronnières. Il niche dans les saules, parfois dans les roselières, en colonies plus ou moins importantes et souvent en compagnie d'autres espèces. Le mâle choisit l'emplacement et apporte les matériaux que la femelle assemble en un nid assez grossier. Pondus fin avril, les 4 œufs bleu-vert sont couvés à tour de rôle par les deux sexes, pendant 21 jours. Les jeunes quittent le nid un mois plus tard.

Confusions possibles

La conformation de l'adulte est assez caractéristique, mais les jeunes peuvent être confondus avec le butor étoilé, dont le plumage est toutefois plus doré.

Nycticorax nycticorax

BONDRÉE APIVORE

Famille des Accipitridés

Elle a la taille d'une buse, mais en diffère par sa biologie. D'un oiseau à l'autre, la couleur du plumage varie beaucoup. Le mâle se distingue de la femelle par une tête gris souris. Le dos est généralement plus sombre que le dessous, un fond clair plus ou moins grossièrement rayé ou barré. En vol, le bord inférieur de l'aile est délimité par un liseré sombre et la queue est coupée par trois barres sombres caractéristiques.

Ce migrateur apparaît fin avril-début mai et nous quitte fin août-début septembre.

De la taille d'une buse.
Longueur : 55 cm.

Émet un sifflement plaintif et flûté, « *pu-î-uh* ».

Aire dans un grand arbre feuillu ou résineux, souvent garnie avec des feuillages. Assez sensible aux dérangements.

Mœurs

Contre toute attente, ce rapace semi-forestier se nourrit essentiellement d'insectes, déterrant notamment les nids de guêpes et de bourdons dont il raffole. De petites plumes faciales, dont la structure rappelle un peu celle des écailles, le protègent des éventuelles piqûres. Il lui arrive de capturer des jeunes oiseaux au nid, d'attraper un petit rongeur, une grenouille ou un reptile, mais cela reste marginal.

Nidification

Les bondrées arrivent en couples, fin avril-mai, et prennent possession d'un secteur qu'elles revendiquent par des vols territoriaux. Elles aménagent ou restaurent une aire dans un grand arbre. En juin, la femelle y pond 2 œufs qu'elle couve en alternance avec son partenaire pendant plus d'un mois. Deux mois plus tard, les jeunes partent en direction des zones forestières d'Afrique tropicale, où ils passeront l'hiver.

Confusions possibles

Sa taille est celle d'une buse (1,20 m d'envergure), mais avec une tête et des attaches plus fines, visibles en vol. Ses battements d'ailes sont aussi plus souples. Voir aussi milans, busards et circaète.

Pernis apivorus

BOUVREUIL PIVOINE

Famille des Fringillidés

Le mâle est pratiquement impossible à confondre : poitrine, gorge et joues rouge vif, calotte et queue noires ; le dos, gris souris, contraste avec le bas-ventre et le large croupion, blancs. Les ailes noires sont traversées d'une bande blanche. Chez la femelle et les jeunes, le rouge vif cède la place à un brun-beige plus discret. Leur dos est plus brun ; la tête des jeunes ne porte pas de noir.

Commun partout en France, excepté en Corse. Sédentaire. Parcs et jardins buissonnants.

Taille supérieure à celle d'un moineau. Longueur : 15 cm.

Chant caractéristique : « *si-tuutuu-si-ré* » ; cris plaintifs et sifflés, fréquents.

Nid bien dissimulé dans une haie ou un jeune sapin.

Fréquente occasionnellement les mangeoires en hiver.

Mœurs

En dépit de ses couleurs extraordinairement voyantes, voilà une espèce qui passe facilement inaperçue, le plus souvent trahie par ses cris flûtés et caractéristiques. Pas particulièrement farouche, on l'observe l'hiver en petits groupes, dans les branches hautes des arbres. Il répugne à descendre au sol. C'est un redoutable consommateur de bourgeons.

Nidification

Le mâle choisit le site et accompagne tous les déplacements de la femelle, qui construit seule le nid. Toujours bien caché, c'est une construction rustique de racines entremêlées, garnie de poils ou de crins, située généralement entre 1 et 2 m (rarement plus haut), dans une haie ou un jeune sapin touffu. La femelle couve seule 4-5 œufs bleu pâle, tachés de brun-rouge. En principe, il y a 2 pontes annuelles, plus rarement 3. Très susceptible, il abandonne facilement le nid s'il est dérangé !

Espèce voisine

Le mâle n'a pratiquement aucun sosie. En vol, le pinson du Nord présente un croupion blanc et une barre alaire blanche, comme la femelle, mais il est beaucoup moins trapu.

Pyrrhula pyrrhula

BRUANT JAUNE

Famille des Emberizidés

Le mâle adulte présente une tête jaune canari, dont le dessus et les côtes sont rayés de vert brunâtre. Les moustaches et la bande pectorale sont rousses, le croupion brun-roux, le manteau brun-roux rayé de brun-noir et le ventre jaune vif. La femelle et les jeunes arborent des couleurs moins vives, aux contrastes moins marqués, comme le mâle en hiver. Le bec, assez robuste, est brun bleuâtre, les pattes brun rosé.

Commun à peu près partout, sauf dans le Midi et les Landes. Sédentaire.

Taille et silhouette assez voisines de celles d'un moineau, mais queue plus longue. Longueur : 16,5 cm.

Chante depuis un perchoir : *« tsitsitsitsitsitsi-tsih »*. Répétition d'une même note avec une finale bien nette.

Nid bien caché dans un buisson, une haie, parfois dans l'herbe.

Mœurs

Il attire rarement l'attention, bien qu'il ne soit pas particulièrement rare. C'est plus un campagnard qu'un citadin. En hiver, il se groupe avec de nombreuses autres espèces, explorant les champs de céréales à la recherche des grains tombés au sol. Les jardins un peu délaissés, les haies et les buissons, sont des terrains de prédilection à la belle saison, quand les insectes viennent améliorer l'ordinaire. Le mâle chante bien en vue au sommet d'un arbuste.

Nidification

Nicheur tardif, il reste souvent fidèle à son territoire d'une année sur l'autre. La femelle construit seule le nid, rarement à plus de 0,50-1 m, dans un buisson épais, parfois dans les herbes sèches. C'est d'abord un amas désordonné d'herbes sèches au sommet duquel s'ouvre une coupe plus soignée. Les 2-3 pontes annuelles comportent 3-4 œufs blanchâtres à violacés, ponctués de points et filaments bruns et gris.

Espèces voisines

La femelle et les jeunes peuvent être confondus avec ceux du bruant zizi, mais leur croupion est roux et non vert olive.

Emberiza citrinella

BRUANT PROYER

Famille des Embérizidés

Plus petit que le merle il rappelle un gros moineau, mais en plus robuste, avec une grosse tête et un bec jaune pâle, conique. Sa queue brune, dépourvue de marques blanches, est aussi plus longue. Son dos est brun grisâtre, mêlé de roussâtre et de jaunâtre. Sa gorge est claire, encadrée de taches noires. Son ventre blanc jaunâtre est taché et rayé de brun-noir sur la poitrine et les flancs. Les deux sexes sont identiques.

Dans presque toute la France. Sédentaire. Il évite les zones boisées et les bocages serrés.

Silhouette caractéristique. Le plus grand des bruants. Longueur : 18 cm.

Le chant débute par des notes détachées, s'accélère puis s'emballe en une sorte de roulement confus.

Le nid est un assemblage assez grossier de tiges et de feuilles sèches. Coupe garnie de radicelles et de crins.

Mœurs

Habitant des espaces ouverts où alternent prairies et cultures, il se tient bien en évidence sur un perchoir : le sommet d'une haie, un fil téléphonique ou une clôture. Entre mars et août, son chant caractéristique évoque pour certains l'agitation d'un trousseau de clés, pour d'autres des perles qu'on laisse tomber dans une soucoupe... Il se nourrit pour l'essentiel de graines, de bourgeons et de petites feuilles, complétant cette alimentation par des insectes au printemps et en été.

Nidification

Volontiers polygame, le mâle surveille son « harem ». Ce sont les femelles qui choisissent l'emplacement et assument la construction des nids. Ils sont encastrés dans le sol ou posés parmi les herbes d'une prairie, au flanc d'un talus. Une première ponte de 4 ou 5 œufs intervient en mai, une seconde en juin-juillet, couvées 2 semaines. Les jeunes séjournent encore 2 semaines au nid, essentiellement nourris par les femelles.

Confusions possibles

En hiver, il peut être confondu avec la femelle du bruant des roseaux, dont le bec est moins fort, le manteau plus roux et la queue bordée de blanc ou avec l'alouette des champs, dont il partage le territoire. Son bec est toutefois bien différent.

Miliaria calandra

BRUANT ZIZI

Famille des Emberizidés

Le mâle a le dessus de la tête et le cou vert olive strié de noir, le croupion brun-olive et le dos brun-marron tacheté de noir. Le sourcil et la gorge sont noirs. Une bande pectorale vert olive se distingue des flancs, roussâtres. Le reste du corps est jaune. La femelle et les jeunes arborent un plumage plus neutre, avec un faible sourcil et toujours un croupion olive.

Partout en France, sauf dans le nord et l'est. Descend vers le sud en hiver. Discret.

Taille et silhouette assez voisines de celles d'un moineau, mais queue plus longue. Longueur : 16,5 cm.

Chant monotone, mais caractéristique : *« sisisisissi... »*, en strophes de 2-3 secondes.

Nid bien caché dans un buisson ou une haie épaisse.

Mœurs

Son nom fait référence au chant monotone qu'il lance inlassablement depuis un perchoir. Il est assez furtif lorsqu'il recherche sa nourriture au sol, restant le plus souvent à couvert des buissons. Granivore en hiver, il s'accommode fort bien d'insectes et d'araignées, au printemps et en été. Il reste assez difficile à observer, car discret. Il fréquente les vergers, les jardins et les parcs bien aérés.

Nidification

Le nid, assez grossier, est construit par la femelle, au cœur d'un buisson épais ou d'une haie de thuyas par exemple, jamais très haut (moins de 1,50 m). C'est une épaisse couche de mousse entremêlée de racines, dont la coupe est sommairement garnie de matériaux plus fins, rarement de plumes. Les 2 pontes annuelles comprennent généralement 4 œufs blanc bleuâtre, maculés de filaments noirs et violacés.

Espèces voisines

La femelle peut être facilement confondue avec celle du bruant jaune, mais cette dernière a le croupion roux et non vert olive. Voir aussi la femelle du moineau domestique : son bec est toutefois plus trapu et sa queue nettement plus courte.

Emberiza cirlus

BUSARD DES ROSEAUX

Famille des Accipitridés

Plus massif que les autres busards, il s'en distingue par le plumage brun chocolat presque uniforme des femelles dont seuls le dessus de la tête et les épaules sont blanc crème. Les jeunes ressemblent d'abord aux femelles, puis la queue des mâles de 3 ans devient grise. Moins massifs que les femelles, les mâles présentent une large plage grise sur les ailes et un ventre plus clair, jaunâtre à roussâtre.

Réparti surtout au nord d'une ligne Bordeaux-Chambéry, également en vallée du Rhône et en Camargue. Migrateur partiel.

Silhouette typique des busards lorsqu'il vole. Envergure : 1,16 à 1,30 m.

Au printemps, cris plaintifs rappelant ceux du vanneau (*« kèih »*) donnant un rapide *« kikekikekikeki »* lorsque l'oiseau est inquiet.

Nid de roseaux et de branchages dissimulé au cœur d'une roselière.

Mœurs

Ce rapace s'établit dans les endroits marécageux et les régions d'étangs, mais depuis peu on l'observe aussi dans les zones de grandes cultures (Beauce). On le surnomme parfois busard harpaye. Il adopte la même technique de chasse que les autres busards, mais ses proies sont encore plus diversifiées : de la sauterelle au lapin en passant par les lézards et les oiseaux d'eau en hiver. Il est volontiers charognard.

Nidification

Bien cachée au sein d'une roselière, l'aire est surtout construite par la femelle ; le mâle se contente de l'encourager en charriant quelques branches. Elle repose, au-dessus de l'eau, sur un lit de roseaux repliés et cassés. La femelle s'occupe seule de la couvaison et de l'élevage des jeunes pendant près de 2 mois. Chargé de l'approvisionnement, le mâle signale sa présence par de petits cris. La femelle quitte alors le nid et récupère la nourriture en plein vol, par une pirouette spectaculaire.

Confusions possibles

À distance, on peut le confondre avec le milan noir, assez svelte et sombre, mais la queue de ce dernier est échancrée. La buse a une queue plus courte, des ailes moins longues et un vol plus rigide. Voir les autres busards et la bondrée.

Circus aeruginosus

BUSARD SAINT-MARTIN

Famille des Accipitridés

Un vol souple et chaloupé à quelques mètres du sol, une queue longue, des ailes étroites et longues relevées en V, telle est la silhouette qu'offre cet élégant rapace. Le mâle arbore un plumage gris cendré à reflets bleuâtres avec l'extrémité des rémiges noires. La femelle, plus grande, et les jeunes ont un plumage brun-roux avec les dessous largement rayés de brun sombre. Tous portent une large tache blanche au bas du dos.

Réparti dans toute la France sauf dans le Sud-Est, où il est plus rare. Migre partiellement en hiver.

Ailes et queue longues, typiques en vol. Envergure : 1,03 à 1,08 m.

Cris sonores, « *kèèk-kèèk...* ». Un « *khèkhihkèhikhikèhk...* » rapide traduit une vive inquiétude.

Le nid est une plate-forme lâche de tiges sèches et de branchettes, le plus souvent posées à même le sol.

Mœurs

Habitant des landes et des friches, il s'est implanté récemment dans les grandes plaines céréalières. Il inspecte son territoire de façon méthodique, capturant par surprise les rongeurs qui constituent son alimentation de base, mais prend aussi des insectes et des oiseaux de petite taille, voire parfois une jeune perdrix, un levraut ou un lapereau, ce qui lui vaut l'inimitié de certains chasseurs vindicatifs.

Nidification

Début avril, les couples se cantonnent et se livrent à de spectaculaires voltiges aériennes ponctuées de nombreux cris. C'est surtout la femelle qui construit l'aire. Dissimulée par la végétation, elle pond fin avril ou début mai 4 ou 5 œufs blanc bleuâtre qu'elle couve seule pendant un mois. Le mâle surveille le territoire et la ravitaille en plein vol. Les jeunes, nourris et élevés par les deux adultes, quittent le nid un mois après leur éclosion.

Espèces voisines

Le busard cendré partage souvent les mêmes habitats et on confond couramment les jeunes et les femelles. Toutefois, sa silhouette est plus fine, le vol plus souple, la tache blanche du croupion moins étendue. Les ailes du mâle sont traversées par une barre noire. Voir aussi le busard des roseaux.

Circus cyaneus

BUSE VARIABLE

Famille des Accipitridés

Elle doit son nom à l'extrême variabilité de son plumage, qui va du blanc crème au brun-noir le plus sombre. Son ventre est généralement plus clair que son manteau et orné d'un plastron brun, plus sombre. Ses battements d'ailes sont assez rigides et sa silhouette paraît massive. Ses ailes et sa queue sont larges, la tête peu proéminente. La queue assez courte est marquée par une série de bandes sombres et plus claires.

Pratiquement dans tout le pays. S'observe toute l'année.

Silhouette massive. Envergure : 1,18 à 1,40 m.

Cri plaintif, *« hièèèh... »*, caractéristique.

Aire de branchages imposante, entre 8 et 20 m contre un pin ou un chêne, parfois dans une fourche latérale.

Mœurs

Bien que nichant en forêt, elle a besoin d'espaces ouverts pour chasser. Elle décrit souvent de grands orbes dans le ciel. Victime de bien des préjugés, c'est en fait un rapace plutôt débonnaire qui se nourrit essentiellement de petits rongeurs sur lesquels elle fond depuis un perchoir. Cela explique sa relative abondance le long de certains axes autoroutiers, là où les rongeurs se concentrent. Elle chasse aussi à pied et se montre charognarde si l'occasion se présente, notamment en hiver.

Nidification

L'accouplement intervient après de longues parades nuptiales au cours desquelles les oiseaux se livrent à de véritables meetings aériens, ponctués de cris plaintifs. Son aire (60 cm de diamètre, 30 à 60 cm de haut) est volontiers occupée d'une année sur l'autre après avoir été rechargée. Très sensible aux dérangements, la femelle assume seule la couvaison de ses 2 ou 3 œufs pendant 5 semaines. Les jeunes quittent le nid 5 semaines plus tard.

Confusions possibles

La bondrée apivore s'en distingue par des attaches plus fines, une tête proéminente et des battements d'ailes plus souples. Le circaète Jean-le-Blanc est plus grand. Voir aussi la femelle de l'autour des palombes et celle du busard des roseaux.

Buteo buteo

BUTOR ÉTOILÉ

Famille des Ardéidés

Ce héron trapu, au plumage jaunâtre doré, assez lâche, rayé de brun-roux et de noir, est coiffé de noir. Son cou est assez peu marqué, sauf lorsqu'il l'étend à la verticale, dans une position dite du chandelier. Collant ses plumes au corps, il devient ainsi très mimétique, roseau parmi les roseaux. En vol, il laisse largement dépasser ses pattes aux longs doigts verts. Sa taille est alors celle d'une buse. Les sexes sont identiques.

Çà et là, dans les grandes zones de marais et d'étangs. Peut s'observer toute l'année, en dehors des périodes de gel.

Héron trapu. Hauteur : 70 cm environ. Envergure : 1,25 à 1,35 m.

Cri typique évoquant un beuglement, qui porte à plusieurs kilomètres.

Son nid est une plate-forme de roseaux de 30 à 40 cm de diamètre et de 10 à 15 cm d'épaisseur.

Mœurs

Inféodé aux grandes roselières impénétrables des marécages et des étangs, il demeure invisible, sauf lorsqu'il se déplace en volant d'un étang à un autre, par exemple. C'est surtout par son chant très particulier qu'il signale sa présence : ce dernier évoque un mugissement et lui vaut le surnom de bœuf des marais. Il se nourrit de petits poissons et de batraciens qu'il pêche à l'affût, ajoutant parfois un triton, un dytique ou une couleuvre à son menu.

Nidification

C'est au cœur d'une roselière dense, faiblement inondée, que le nid est établi, dans un site où le chant du mâle résonne dès les premiers beaux jours de mars. Après la mi-avril, la femelle dépose sur cette plate-forme de roseaux 5 ou 6 œufs mats, brun olive, qu'elle couve pendant 3 à 4 semaines. Deux semaines plus tard, les jeunes s'aventurent déjà dans la végétation alentour. La polygamie est de règle chez cette espèce très menacée.

Espèces voisines

Beaucoup plus petit, le blongios nain évolue également dans les marais. La femelle rappelle un butor étoilé miniature. Le mâle jaune crème, y compris sur une partie des ailes, arbore une calotte et un manteau noir, irisés. Voir aussi le jeune bihoreau gris.

Botaurus stellaris

CANARD COLVERT

Famille des Anatidés

Le mâle se reconnaît à son bec jaune et à sa tête vert bouteille, soulignée par un collier blanc sur le cou. La poitrine est brun marron. Le reste du corps est gris, plus brun sur les épaules, avec le bas du dos noir. La femelle arbore un plumage neutre, brun clair, ponctué de brun-roux et de marron. En vol, les deux sexes révèlent un miroir alaire bleu à reflets violets, encadré de noir et de deux bandes blanches.

Commun dans toute la France. Toute l'année (sauf en période de gel).

Silhouette caractéristique. Longueur : 44 à 55 cm. Envergure : 90 à 95 cm.

La femelle émet un *« coin-coin »* nasal typique. Le mâle a un cri plus rauque, plus étouffé : *« quèckèkèk »*.

Nid sommaire mais douillet sous les racines déchaussées d'un arbre, dans une touffe de carex, voire le tronc creux d'un saule.

Mœurs

C'est le plus commun de nos canards de surface. On le rencontre dans la plupart des zones humides, y compris dans les vasières maritimes. Pataugeant dans les marais, là où l'eau n'est pas trop profonde, il se nourrit de plantes aquatiques et de leurs graines, affectionnant les lentilles d'eau. Domestiqué par les Romains, il constitue la souche de nos canards de basse-cour et fait l'objet d'un élevage intensif pour la « chasse ».

Nidification

Les couples se forment dès octobre, mais ne se cantonnent que début février. Le mâle choisit l'emplacement du nid et la femelle y entasse des plantes et des herbes sèches auxquelles elle imprime la forme d'une cuvette avec son corps. Elle la garnit ensuite de matériaux plus fins et de duvets qu'elle dispose en couronne, puis couve ses 8 à 12 œufs durant 28 jours. Les canetons quittent le nid quelques heures après l'éclosion.

Espèces voisines

À distance, la femelle peut être confondue avec les femelles des autres canards de surface, ainsi qu'avec le mâle du canard chipeau. Celui-ci arbore un plumage gris assez sombre et un miroir blanc et noir, bordé en haut par des couvertures noires et rousses.

Anas platyrhynchos

CANARD PILET

Famille des Anatidés

Plus élancé que les autres canards de surface, le mâle a un grand cou blanc et une tête brun chocolat, assez fine. Ses flancs gris se prolongent par une plage jaune crème puis une queue noire, longue et pointue (bien visible en vol). Le dos gris est orné de plumes noires. La femelle est brune mais présente la même silhouette. Leur miroir alaire peu apparent, vert bronzé, est liseré de roux en haut, en partie bordé de noir et de blanc à l'arrière.

Au passage et en hiver uniquement, on l'observe dans les marais côtiers et sur les étangs.

Silhouette plus élancée et plus fine que celle du colvert. Longueur : 66 cm.

La cane pousse un « *quaack* » sonore. Le mâle émet un sifflement qui rappelle le violon : « *piuk-piuk* ».

Nidification semblable à celle du colvert, exceptionnelle en France.

Mœurs

Ce végétarien presque exclusif s'alimente dans les marais peu profonds, immergeant au besoin tout l'avant de son corps pour ne laisser hors de l'eau que son arrière-train, sa queue et ses pattes. Méfiant et farouche, il fréquente plutôt les vasières littorales en hiver. On l'observe malgré tout, mais en plus petit nombre, sur les étangs de l'intérieur, en compagnie d'autres espèces.

Nidification

Sa nidification en France revêt un caractère exceptionnel. En effet, notre pays se situe au-delà de la frange méridionale de son aire de répartition, qui s'étend de l'Islande à la Sibérie en passant par la Scandinavie. Il niche dans les tourbières, la toundra, les landes et marais qui bordent les lacs. C'est pourquoi on ne l'observe pratiquement qu'en automne et en hiver.

Confusions possibles

Le mâle ne peut guère être confondu avec une autre espèce. La distinction de la femelle vis-à-vis des autres canards de surface est plus délicate lorsque la luminosité est faible, mais la silhouette fine, la queue effilée et le miroir peu distinct sont de bons indices, notamment en vol.

Anas acuta

CANARD SIFFLEUR

Famille des Anatidés

Le mâle se distingue des autres canards de surface par sa petite tête ronde, rousse avec une tache jaune sur le front, et par sa poitrine brun rosé. Ses flancs gris sont surmontés d'une fine bande blanche et prolongés par un croissant blanc, bien visible lorsque l'oiseau nage. En vol, le blanc de la partie supérieure des ailes contraste avec les rémiges sombres. La femelle arbore un plumage neutre brun-roux.

En hiver dans la plupart des zones humides, avec une préférence marquée pour les estuaires et les baies.

Plus ramassé que le colvert, avec une petite tête ronde. Bec relativement court.
Longueur : 46 cm.

Cris flûtés, *« huî-ou »*, caractéristiques.

Niche dans le nord de l'Europe.

Mœurs

S'il fréquente volontiers les étangs et les prairies inondées, il apprécie plus encore de s'alimenter dans les vasières à zostères des estuaires et des baies où il broute véritablement plantes et graines. Volontiers grégaire, il forme en hiver de grandes bandes compactes. Il se mêle parfois aux troupes de bernaches cravant, mais se tient généralement à distance des autres canards. Il se signale par ses cris flûtés qui lui ont valu son nom.

Nidification

En France, cette espèce ne fait que passer et séjourner en hiver, parfois en très grand nombre. Certains oiseaux demeurent chez nous en été, mais sans se reproduire. La nidification a lieu beaucoup plus au nord, au bord des lacs, dans les tourbières et la toundra ainsi que sur les côtes, au nord de la Sibérie et de la Russie, en Finlande, en Scandinavie et dans les pays Baltes.

Confusions possibles

La silhouette assez ramassée du mâle peut prêter à confusion avec le fuligule milouin, notamment de loin et dans des conditions de luminosité difficiles. Toutefois, le siffleur ne plonge jamais et sa poitrine est brun rosé et non noire. La femelle se tient presque toujours à proximité des mâles de son espèce.

Anas penelope

CANARD SOUCHET

Famille des Anatidés

L'espèce se distingue d'emblée par son bec noir caractéristique, élargi en spatule. De profil, il paraît surtout massif et épais. Le mâle arbore une livrée très colorée. Sa tête est vert bouteille. Ses flancs brun-rouge sont encadrés de blanc sur la poitrine et à l'arrière. En vol, mâle et femelle révèlent des ailes aux couvertures bleu clair et au miroir vert, largement surmonté de blanc. Le vol est assez lourd.

Visible toute l'année. Niche surtout au nord d'une ligne Bordeaux-Lyon, ainsi qu'en Camargue.

Son bec épais, élargi en spatule, lui confère une silhouette caractéristique. Longueur : 51 cm.

Généralement silencieux.

Nid composé d'herbes sèches et garni de duvets, bien dissimulé dans une prairie ou une jonchaie.

Mœurs

Il affectionne les eaux peu profondes, les étangs et les marais envasés, y compris les endroits saumâtres. Grâce à la conformation de son bec, il filtre l'eau à la manière des flamants en retenant les particules comestibles : plancton, graines, mollusques, petits crustacés et insectes... Sur ses lieux d'hivernage il forme souvent des bandes monospécifiques se tenant à distance des autres canards.

Nidification

Les couples s'établissent à la sortie de l'hiver et les parades nuptiales, au cours desquelles le mâle lève et abaisse la tête de façon saccadée, rappellent celles du colvert. Durant cette période, les vols de poursuite sont fréquents. Bientôt, il ne reste plus que les mâles bariolés sur les étangs. Les femelles se sont retirées dans une prairie proche pour pondre leurs 8 à 12 œufs qu'elles couvent pendant 23 à 25 jours. Quelques heures après l'éclosion, les canetons sont conduits sur l'étang où ils vont grossir à l'abri de la roselière.

Confusions possibles

Le plumage bariolé du mâle est facile à identifier. De même, la femelle se reconnaît à son bec quand elle nage, à ses couvertures bleu clair quand elle vole.

Anas clypeata

CHARDONNERET ÉLÉGANT

Famille des Fringillidés

Son plumage multicolore permet de l'identifier aisément : masque facial (front et menton) rouge vif, bec cerné de noir. La calotte, noire, descend sur la nuque et l'arrière du cou, tandis qu'une large bande blanche orne les joues, jusqu'au menton. Le manteau, la poitrine et les flancs apparaissent brun-roux, le reste du ventre et le croupion étant blancs. Les ailes, noires, portent une large bande jaune.

Commun partout en France. S'observe toute l'année et surtout au printemps et en été dans les jardins et les vergers.

Silhouette rappelant le pinson des arbres. Longueur : 12 cm.

Cris très mélodieux. Chant animé de cris, de trilles et de roulades.

Nid très fin, en bout de branche, souvent dans un fruitier.

Mœurs

Toujours en mouvement, il ne passe pas inaperçu. On le voit peu à terre, car il préfère évoluer dans les branches ou être suspendu aux fleurs des chardons, dont il apprécie les graines. Il vit à découvert et aime se percher bien en vue pour égrener son chant, un gazouillis liquide bien agréable. En hiver, il se mêle volontiers aux bandes de passereaux dans les champs. Il est peu farouche, même pendant la nidification.

Nidification

Le nid est un modèle du genre, disposé à l'extrémité d'une branche, souvent de fruitier, à plusieurs mètres de haut, peu ou pas dissimulé : une petite coupe profonde, exécutée avec soin par la femelle seule, composée de tiges sèches, de radicelles et de lichens assemblés et maintenus avec des toiles d'araignées. L'intérieur est délicatement garni de crins, poils, brins de laine et plumes. Deux pontes annuelles de 4-6 œufs blanc bleuâtre, finement tachetés de brun.

Confusion possible

Les adultes sont pratiquement impossibles à confondre. Les jeunes ont un plumage neutre, beige plus ou moins taché de brun, mais leurs ailes sont barrées de jaune vif.

Carduelis carduelis

CHEVALIER GAMBETTE

Famille des Scolopacidés

En hiver, avec son manteau brun-gris presque uniforme et ses dessous blancs et gris à peine rayés, ce petit échassier n'attirerait guère le regard s'il ne possédait les pattes rouge orangé auxquelles il doit son nom. Son bec est également empourpré à la racine. En vol, ses ailes sombres révèlent une large bande blanche qui, avec le bas de son dos et son croupion également blancs, lève toute incertitude sur son identité.

Niche çà et là à la faveur des marais côtiers. S'observe en migration un peu partout en France, dans les zones humides.

Silhouette caractéristique des chevaliers, avec un bec modérément long. Sexes identiques. Longueur : 28 cm.

Cri flûté typique sur 3 syllabes, « *thui-dudu* » ou « *tuhuhu* ».

Nid bien dissimulé dans la végétation.

Mœurs

Dans les marais saumâtres ou d'eau douce qu'il fréquente tout au long de l'année, c'est souvent par ses cris flûtés qu'il signale sa présence. Méfiant et plutôt taciturne, il ne tient guère en place et explore d'une démarche nerveuse les vasières faiblement inondées où il cueille de son bec vers, petits crustacés et mollusques. Il ne recherche pas la compagnie des autres limicoles et prospecte plutôt en solitaire.

Nidification

Cette espèce niche en colonies lâches dans les marais côtiers, notamment depuis le sud de la Bretagne jusqu'à la Gironde. Le mâle réalise plusieurs ébauches de nid dissimulées dans la végétation, dont une est adoptée et finalisée par la femelle. Il niche volontiers à proximité du vanneau dont la vigilance et l'agressivité envers les prédateurs sont un gage de succès pour l'éclosion de ses 4 œufs. Quelques heures après l'éclosion, les jeunes suivent les adultes dans le marais.

Confusions possibles

En hiver, le gambette peut être confondu avec un jeune chevalier arlequin, bien que ce dernier ait un bec un peu plus long et un sourcil clair. En vol, ses ailes sont dépourvues de bandes blanches. Voir aussi le combattant varié.

Tringa totanus

CHEVALIER GUIGNETTE

Famille des Scolopacidés

De la taille d'une grive, il est relativement bas sur pattes avec un bec droit, à peine plus long que la tête. Son plumage est assez neutre, brun olivâtre sur le dos avec un plastron gris brunâtre plus ou moins rayé de brun qui contraste avec son ventre blanc. Il vole au ras de l'eau, alternant de rapides battements d'ailes avec de brefs vols planés. Ses ailes découvrent alors, en leur milieu, deux fines bandes claires.

Niche en France le long des cours d'eau rapides. S'observe en migration dans les zones humides et le long des fleuves.

De la taille d'une grive, toujours en mouvement. Sexes identiques. Longueur : 20 cm.

Cri flûté : « *sissuissui* » et chant sifflé de 4 syllabes peu sonores, répétées en séries rapides : « *sissississsi* ».

Le nid est une simple cuvette grattée dans le sol ou une construction plus élaborée dissimulée dans la végétation.

Mœurs

Toujours en mouvement, il est agité de hochements permanents du corps lorsqu'il s'arrête de marcher, comme s'il était monté sur des ressorts. Il fréquente les vasières des étangs ou les rivages maritimes et exploite les berges des cours d'eau dans leurs moindres recoins, s'écartant rarement du rivage où il picore çà et là des proies invisibles. Il s'agit le plus souvent de petits insectes, de crustacés ou de mollusques. En hiver, il est volontiers sociable.

Nidification

Il niche le long des rivières à débit rapide et des torrents, principalement dans le bassin de la Loire, les Pyrénées et les Alpes, voire dans des gravières comme en Lorraine, par exemple. Le nid peut être une simple excavation du sol ou une coupe plus élaborée dissimulée dans la végétation. Il reçoit 4 œufs couvés alternativement par les deux adultes. Les jeunes quittent le nid quelques heures après l'éclosion.

Confusions possibles

Il ne peut guère être confondu qu'avec le chevalier grivelé, un migrateur américain très rarement observé en France. Voir aussi le chevalier sylvain.

Actitis hypoleucos

CHEVALIER SYLVAIN

Famille des Scolopacidés

Avec son manteau gris verdâtre marqué de taches plus sombres, noirâtres, sa poitrine gris brunâtre et son ventre blanc cassé, ce petit limicole ne paye assurément pas de mine et ne révèle souvent sa présence que lorsque, surpris, il s'envole en criant. Il est un peu plus haut sur pattes que le chevalier guignette, mais son bec n'est guère plus grand. Un sourcil blanc souligne toutefois sa calotte gris verdâtre.

Observé sur les étangs et dans les marais, lors des haltes migratoires et en hiver.

Silhouette typique des chevaliers avec un bec modérément long. Sexes identiques. Longueur : 20 cm.

Lance un « *tyityityip* » bref et perçant lorsqu'il est surpris et contraint à l'envol.

Niche dans les tourbières du nord de l'Europe.

Mœurs

Gracieux dans sa démarche, il déambule dans la végétation palustre et les vasières encombrées de plantes, s'avançant dans l'eau jusqu'au ventre si nécessaire mais évitant les grandes étendues découvertes. Il affectionne les eaux douces plutôt que les marais saumâtres et fréquente volontiers les étangs où on l'observe lors de ses haltes migratoires. Il se nourrit essentiellement de petits coléoptères et des larves d'autres insectes ainsi que de mollusques et de petits crustacés.

Nidification

Il se reproduit dans les tourbières du nord de l'Europe, depuis la Scandinavie jusqu'au nord de la Russie et de la Sibérie. Ses parades nuptiales sont ponctuées d'un chant typique qui rappelle un peu celui de l'alouette lulu.

Confusions possibles

Le chevalier culblanc lui ressemble beaucoup, mais il offre un plus grand contraste entre le dos et le dessous. Il est aussi plus trapu, évoquant par certains aspects le chevalier guignette, et ses pattes sont plus sombres. En vol, ses ailes sont brun-noir et non grises comme chez le sylvain. Le chevalier aboyeur est nettement plus grand avec un bec plus long et plus fort, légèrement retroussé.

Tringa glareola

CHOUCAS DES TOURS

Famille des Corvidés

Il a la taille d'un pigeon. Paraissant entièrement noir à distance, on constate, de plus près, que les côtés de la tête et la nuque sont gris ardoisé. Le reste du plumage possède des reflets bleus, pourpres et verdâtres. Le ventre est gris noirâtre. Le bec droit, caractéristique de la famille, et les pattes sont noires. L'iris de l'œil est blanc. Les jeunes sont plus ternes, teintés de brunâtre.

Niche partout en France à l'exception du Sud-Ouest et de la Corse. Dans les parcs et les villes au printemps.

De la taille d'un pigeon, avec un grand bec. Longueur : 33 cm.

Cris fréquents et typiques : « *tchya* » ou « *kiao* ».

Nid de branchages dans les églises, châteaux... et les arbres creux des grands parcs.

S'établit occasionnellement dans les grands nichoirs, si ses congénères trouvent un nid à proximité.

Mœurs

Espèce coloniale par excellence, ses bandes très bruyantes ne risquent pas de passer inaperçues. Il s'installe, dès la fin de l'hiver, dans les églises, les tours d'un vieux château ou les allées de vieux châtaigniers. Il explore alors inlassablement les pelouses, à la recherche d'une nourriture très éclectique. Il adapte son régime alimentaire à la saison. Volontiers végétarien en hiver, il s'accommode d'insectes, de vers et de mollusques en été, ne dédaignant pas occasionnellement un campagnol ou la nichée d'un petit passereau. En hiver, il se joint souvent aux corneilles noires et aux corbeaux freux, dans les champs.

Nidification

Le nid est un assemblage sommaire de branchages, logé dans une cavité de mur ou un arbre, garni de foin et de quelques plumes. Il n'y a qu'une ponte annuelle, de 5 œufs bleu verdâtre, maculés de brun-noir et de gris.

Espèces voisines

Il pourrait être confondu avec la corneille noire et le corbeau freux, que l'on observe parfois dans les grands parcs, mais ils sont beaucoup plus gros et leur plumage est tout noir.

Corvus monedula

CHOUETTE CHEVÊCHE

Famille des Strigidés

Cet oiseau de taille modeste présente une silhouette caractéristique, courte et trapue. Sa large tête aplatie offre un front bas, un bec jaune verdâtre et des sourcils clairs. Ses yeux jaune pâle lui donnent un air sévère. Le dos, d'un brun roussâtre terne, est taché de blanc, tandis que le dessous, blanc jaunâtre, fortement rayé de brun, tranche avec le ventre, blanc. Les tarses blancs sont armés de griffes brunes.

Partout en France. S'observe toute l'année. Dans les vergers et les parcs.

Taille moyenne, silhouette caractéristique. Longueur : 22 cm.

Nombreux cris ; le plus typique est un *« gvi-ou »*. Chant très doux : *« hou-ou »*.

Elle ne construit pas de nid.

S'établit volontiers dans un nichoir (il faut d'ailleurs encourager sa mise en place).

Mœurs

Elle se perche souvent bien en vue mais, se sentant observée, manifeste des signes d'agacement qui se traduisent par des courbettes nerveuses, comme si elle était montée sur des ressorts. Elle chasse à l'affût, à la tombée de la nuit et au petit matin, les gros insectes et les petits rongeurs avec, en été, une attirance particulière pour les grosses sauterelles vertes. Elle est sédentaire, mais se raréfie considérablement depuis plusieurs années. Contrairement aux autres rapaces nocturnes, on peut observer la chouette chevêche de jour.

Nidification

Elle s'installe dans les arbres creux (fruitiers de préférence), parfois dans les vieilles bâtisses, et apprécie les nichoirs disposés à son attention (trou d'envol de 70 mm de diamètre). Ceux-ci sont tout à fait bienvenus, car elle a désormais du mal à trouver des sites qui lui conviennent. Elle ne construit pas de nid et dépose directement les œufs de l'unique ponte annuelle au fond de la cavité. Ils sont généralement au nombre de 3 à 5, blancs, un peu luisants.

Confusion possible

Compte tenu de sa taille et de son allure, on ne peut guère la confondre avec un autre oiseau.

Athene noctua

CHOUETTE HULOTTE

Famille des Strigidés

Avec ses grands yeux noirs enfoncés dans sa grosse tête ronde, son masque facial bien net et son plumage lâche qui la fait généralement paraître plus grosse qu'elle n'est en réalité, la hulotte se reconnaît facilement. Son plumage, extrêmement variable d'un individu à l'autre, va du brun-roux sombre au gris clair marbré de brun-noir, et cela indépendamment du sexe ou de l'âge.

Dans toute la France, mais absente de Corse.

Silhouette caractéristique qui n'autorise guère de confusion. Hauteur : 25 à 30 cm, envergure : 80 cm à 1 m.

Chant bien reconnaissable : « *hou-hououou* ».

Niche dans un arbre creux en forêt et dans certains parcs, y compris en pleine ville.

Adopte volontiers un nichoir.

Mœurs

Plutôt forestière, mais habitant également les parcs urbains, elle se dissimule la journée dans le tronc creux d'un arbre ou dans un feuillage épais et ne sort de sa torpeur qu'à la tombée de la nuit, faisant entendre son chant caractéristique, qui lui a valu le surnom de chat-huant. Son vol silencieux révèle alors une silhouette imposante. Elle chasse à l'affût de petits rongeurs qu'elle repère à l'oreille, ainsi que des oiseaux et même des vers de terre.

Nidification

C'est au cœur de l'hiver qu'elle célèbre ses noces et il n'est pas rare que la femelle ait déjà pondu en février. Elle ne fait pas de nid et s'isole dans la cavité d'un arbre creux, voire dans un nichoir. L'importance de la ponte varie en fonction de la disponibilité des proies. La femelle couve seule ses œufs blancs et ronds pendant un mois. Le mâle la ravitaille ainsi que les jeunes, qui restent un mois au nid.

Confusions possibles

En raison de sa taille, elle ne peut guère être confondue avec une autre espèce. La chevêche est beaucoup plus petite et l'effraie bien différente. Voir aussi le hibou moyen-duc et le hibou des marais.

Strix aluco

CIGOGNE BLANCHE

Famille des Ciconiidés

Chacun connaît ce grand échassier populaire, tout de blanc et de noir vêtu. La femelle porte les mêmes rémiges et grandes couvertures noires que son compagnon, mais le bec rouge vif est un peu plus long chez le mâle. C'est un planeur qui utilise avec brio les courants ascendants, laissant dépasser ses longues pattes rouges loin derrière la queue. Le cou reste alors tendu, légèrement infléchi.

Depuis l'Alsace, elle a entamé sa conquête de l'ouest et niche désormais dans une vingtaine de départements.

Silhouette typique. En vol : 1 m de long pour une envergure de 1,60 m.

À défaut de chanter, elle se livre à des claquements de bec particulièrement sonores.

Nid volumineux qui peut atteindre 2 m de diamètre et de haut.

Mœurs

Déambulant lentement dans les terrains ouverts, elle affectionne les prairies humides mais n'hésite pas à se mettre à l'eau pour capturer une grenouille ou un triton qu'elle attrape d'un coup de bec rapide et précis. Elle consomme également beaucoup d'insectes ainsi que des limaces, des escargots et pratiquement tout ce qui se présente. Les campagnols ne sont pas les derniers à faire les frais de son appétit.

Nidification

Installé sur le toit d'une maison, parfois dans un arbre ou sur un pylône électrique, son nid volumineux ne passe pas inaperçu. Il est animé par des parades bruyantes chaque fois que le couple se retrouve ou qu'un congénère passe à proximité. Les 4 œufs blancs pondus en avril-mai sont couvés pendant un mois en alternance par les parents. Les éclosions s'échelonnent sur une dizaine de jours et les jeunes quittent le nid 2 mois plus tard.

Confusions possibles

La cigogne noire qui vit dans les forêts tranquilles est plus petite et diffère par son plumage entièrement sombre, à l'exception du ventre blanc. Voir également la grue cendrée, qui vole aussi avec le cou tendu.

Ciconia ciconia

CINCLE PLONGEUR

Famille des Cinclidés

Le dessus de sa tête et sa nuque brun chocolat, son dos gris ardoisé et son ventre brun à roux tranchent singulièrement avec son plastron d'un blanc pur, que l'on repère de loin pour le mâle comme pour la femelle. Le surnom de merle d'eau lui va bien : il en a la taille avec toutefois une queue nettement plus courte, mais sa silhouette évoque plutôt celle d'un troglodyte géant, rondouillard et trapu.

Au fil des torrents et des rivières rapides. Se reproduit au sud-est d'un axe Mézières-Bayonne et en Corse. Sédentaire.

Il a la taille d'un merle à queue courte et la silhouette d'un troglodyte géant.

Le chant est un babil fourni difficile à traduire.

Le nid est une boule de mousse, de feuilles et de tiges sèches encastrée dans la végétation et pourvue d'une entrée latérale.

Mœurs

Inféodé aux torrents et rivières rapides, il marche au fond de l'eau en recherchant sa nourriture parmi les pierres et reste ainsi immergé pendant plusieurs secondes. Il lutte contre le courant et se maintient au fond de l'eau en écartant les ailes, puis remonte comme un bouchon. Larves de phryganes et d'éphémères, petits crustacés sont régulièrement au menu. Son territoire s'étend de 300 m à plus de 1 km de berges, selon les capacités d'accueil de la rivière.

Nidification

Son nid rappelle celui du troglodyte. C'est une grosse boule de mousse, de feuilles et de brindilles construite par les deux partenaires. La femelle en assure seule les finitions et, à partir de la fin mars, couve ses 6 œufs d'un blanc mat pendant 15 à 18 jours. Les jeunes quittent le nid au bout de 20 jours pour se jeter à l'eau. Ils savent plonger et nager avant même de savoir voler. Un mois plus tard, la femelle entreprendra une seconde couvée et ils devront chercher un autre territoire.

Confusions possibles

Compte tenu de son milieu naturel, cet oiseau est impossible à confondre. La femelle du merle à plastron offre de vagues ressemblances, mais elle est plus sombre, avec une queue plus longue.

Cinclus cinclus

CIRCAÈTE JEAN-LE-BLANC

Famille des Accipitridés

Si de prime abord sa silhouette en vol peut rappeler celle d'une buse ou d'une bondrée, son envergure plus grande, ses ailes très digitées et ses dessous très clairs lèvent le doute. Ses mouvements d'ailes sont amples et souples, sa tête massive trouée de gros yeux jaunes évoque celle d'une chouette. Pour les deux sexes, le manteau est brun plus ou moins sombre et la poitrine généralement ornée d'un plastron brun pâle.

S'observe d'avril à septembre, au sud de la Loire.

Silhouette de la buse, mais très clair dessous. Plus large et plus majestueux. Envergure : 1,60 à 1,80 m.

Émet un cri à 2 syllabes caractéristique : « *huûi-yok* ».

Son aire est une construction assez lâche, posée le plus souvent au sommet ou sur la branche latérale d'un pin.

Mœurs

S'il lui arrive, très occasionnellement, de capturer des petits mammifères, ce grand rapace qui nous revient d'Afrique en avril attire la sympathie du plus grand nombre car il se nourrit surtout de serpents et de lézards. Il les repère au cours de ses longs vols planés, grâce à sa vue perçante. Il fait souvent du vol sur place, face au vent, mais il sait aussi utiliser à merveille les courants ascendants pour parcourir son vaste territoire.

Nidification

L'aire est construite par la femelle que le mâle seconde en apportant des branchages. Relativement petite si l'on se réfère à la taille de l'oiseau, elle est assez lâche, posée au sommet d'un pin ou sur une branche latérale, souvent à hauteur respectable. La femelle y dépose un gros œuf qu'elle couve pratiquement seule pendant un mois et demi, ravitaillée par le mâle. Le jeune ne prend son essor qu'après 2 mois et demi et s'achemine dès la fin août vers ses quartiers d'hiver.

Espèces voisines

En vol, le circaète peut être confondu avec le balbuzard pêcheur, qui comme lui offre des dessous très clairs mais pas de tache noire aux poignets. Voir aussi la buse et la bondrée, lorsqu'il s'agit d'oiseaux clairs.

Circaetus gallicus

COCHEVIS HUPPÉ

Famille des Alaudidés

La huppe pointue qu'il porte sur la tête est caractéristique. Le dos, brun-gris, porte des raies et des taches plus sombres. Le dessous, gris blanchâtre, est plus ou moins lavé de crème, tout comme le sourcil et les joues. Les côtés de la gorge et le haut de la poitrine sont maculés de taches brun foncé et les flancs en sont légèrement striés. Le bec, brunâtre, est assez long et droit. Les pattes rose chair se terminent par de très longs doigts.

Absent dans les régions d'altitude et la vallée de la Saône. Sédentaire, il se rapproche des maisons l'hiver.

Ressemble à une alouette trapue et huppée. Longueur : 17 cm.

Cri sifflé : *« pupliu »*; le chant se compose de strophes courtes, appels liquides et roulades un peu désordonnés.

Niche au sol, peu ou pas dissimulé.

Mœurs

On le surnomme parfois « coquillarde » à cause de sa crête. Il passe le plus clair de son temps au sol, à la recherche des nombreuses graines dont il se nourrit. Peu farouche, il se met à courir, répugnant à prendre son envol s'il est dérangé. Il se perche volontiers, pour chanter, au sommet d'un buisson et monte aussi dans le ciel, comme toutes les alouettes. En été, on le trouve souvent autour des fermes et dans les parcs ouverts, tranquilles. En hiver, il se rapproche encore plus des habitations.

Nidification

Peu dissimulé, il est installé dans une petite dépression du sol, parfois à l'abri d'une touffe d'herbe. La femelle garnit, sans beaucoup de soin, la cuvette de brins d'herbes sèches et y dépose de 3 à 5 œufs blanchâtres, avec des taches grises et brunâtres. Il y a généralement 2 couvées par an.

Espèces voisines

L'alouette des champs lui ressemble, mais possède une huppe beaucoup plus discrète et s'approche moins souvent des maisons. Elle est aussi moins dodue. Voir également le pipit des arbres.

Galerida cristata

COMBATTANT VARIÉ

Famille des Scolopacidés

Haut sur pattes, avec un bec assez bref, ce petit échassier se distingue de tous les autres lorsqu'il est en plumage de noces. Le mâle, sensiblement plus grand que la femelle, arbore alors une parure qui n'est pas sans rappeler celle des chevaliers du Moyen Âge. La femelle est d'un gris-brun plus neutre, mais ses plumes margées de fauve créent un aspect écailleux typique. Les pattes varient du vert à l'orange.

Niche de façon très marginale en France. S'observe surtout lors de ses migrations pré et postnuptiales.

Taille assez voisine de celle du chevalier gambette. Longueur : mâle, 29 cm ; femelle, 23 cm.

Pratiquement silencieux.

Nid dissimulé dans une prairie.

Mœurs

Très sociable, c'est en grandes bandes qu'il fréquente les vasières et certaines prairies détrempées où l'eau est peu profonde, souvent en compagnie des barges à queue noire avec lesquelles il s'associe volontiers. Son alimentation est très éclectique. Il capture aussi bien des insectes que des vers, des crustacés ou des mollusques, mais ne dédaigne pas les graines de graminées, voire les grains de riz, en Afrique où le conduisent ses migrations.

Nidification

L'exubérance de ses parades nuptiales est à la mesure de son plumage. Elles se déroulent dans de véritables arènes, héritières d'une longue tradition. Chaque mâle empanaché présente des combinaisons de couleurs différentes qu'il exhibe avec un empressement fiévreux auprès des femelles, en apparence tout à fait insensibles à leur manège. Après les accouplements, ces dernières se retirent pour nicher dans les prairies alentour.

Confusions possibles

En plumage nuptial, le mâle est unique et la femelle reste facile à différencier des autres chevaliers. En plumage d'hiver, la confusion est possible avec le chevalier gambette, aux pattes rouge vif et au bec sensiblement plus long. Voir aussi les autres chevaliers.

Philomachus pugnax

CORBEAU FREUX

Famille des Corvidés

Parmi les corvidés entièrement noirs, il se distingue d'emblée par son plumage lâche sur le ventre qui cache chez les deux sexes une partie des pattes, comme des culottes. Le bec droit assez effilé laisse apparaître à la base, chez les adultes, la peau blanc grisâtre. Les jeunes n'ont pas ce masque facial. En vol, ses ailes sont un peu plus longues et étroites que celles de la corneille noire.

Présent toute l'année. Niche dans une large moitié nord du pays.

Silhouette typique avec des culottes de plumes qui descendent sur les pattes. Envergure : 90 cm environ.

Cris rauques, caractéristiques : « *kaah* ».

Nids volumineux regroupés en colonies ou « corbeautières ».

Mœurs

Très sociable, il se regroupe en grandes bandes. En hiver, il arpente les champs, fouissant le sol de son bec puissant. Les éléments végétaux tiennent alors une place importante dans son régime alimentaire, qu'il complète par des vers, des larves d'insectes et des petits rongeurs. Il est aussi volontiers charognard. La cohésion sociale des groupes est assurée par l'émission de cris rauques et leur sécurité par des guetteurs.

Nidification

Il niche en colonies, ou « corbeautières », parfois importantes. Le nid assez volumineux est construit dans la fourche d'un arbre, souvent un peuplier. Il est restauré et fidèlement réutilisé dès le mois de février. La femelle s'acquitte pratiquement seule de la couvaison des œufs qui dure une bonne quinzaine de jours. Le mâle participe au ravitaillement des jeunes en transportant, dans sa poche gulaire, insectes et vers qu'il régurgite dans leur gosier.

Espèces voisines

Les jeunes peuvent être facilement confondus avec la corneille noire. Observez-les au sol : ils marchent alors que les corneilles sautillent. L'envergure est nettement moins grande que celle du grand corbeau, plus rare, dont la queue est cunéiforme.

Corvus frugilegus

CORNEILLE NOIRE

Famille des Corvidés

Facilement reconnaissable, elle est entièrement noire de la pointe de son bec droit et puissant jusqu'à l'extrémité de ses pattes (les deux sexes sont identiques). Celles-ci sont bien dégagées du reste du plumage, contrairement à celles du jeune corbeau freux qui lui ressemble. En vol, sa queue paraît plus carrée et ses ailes plus arrondies présentent un bord postérieur légèrement crénelé.

Présente partout en France, sauf en Corse où elle est remplacée par la corneille mantelée.

Silhouette caractéristique avec un bec droit et puissant, des pattes bien dégagées du corps. Envergure : 92 cm à 1 m.

Cri habituel : « *kroa* » typique, relayé près du nid par une sorte de chant plus doux : « *crroucrroucrrou* ».

Construit chaque année un nouveau nid assez volumineux dans un arbre.

Mœurs

D'un naturel plutôt individualiste, elle s'associe malgré tout en hiver aux bandes de freux. Présente dans la plupart des milieux naturels, elle affectionne plus particulièrement les espaces semi-ouverts où alternent champs, haies et boisements. Très éclectique dans ses choix alimentaires, elle inscrit à son menu graines, fruits, insectes, grenouilles et rongeurs. Elle pille aussi les nids au printemps et se montre volontiers charognarde à l'occasion.

Nidification

Elle ne se reproduit généralement qu'à la fin de sa deuxième année et les couples restent unis pour la vie. À la mi-mars, c'est à la femelle que revient l'assemblage du nid fait de branchettes apportées par le mâle. Ce dernier houspille les autres corneilles de son territoire. La ponte, déposée au début d'avril, est couvée une vingtaine de jours par la femelle seule. Les jeunes quittent le nid à l'âge de 4 ou 5 semaines.

Espèces voisines

La confusion est possible avec le jeune corbeau freux dont le bec paraît toutefois moins fort et dont les pattes ne sont pas aussi bien dégagées du plumage. Voir aussi le choucas des tours.

Corvus corone

COUCOU GRIS

Famille des Cuculidés

Son manteau et sa poitrine gris ardoisé encadrent un ventre blanc, rayé transversalement de gris ou de brun-noir. Certaines femelles présentent un plumage dit « hépatique » où le roux vif remplace le gris. En vol, ses ailes pointues et sa longue queue lui confèrent une silhouette qui évoque un peu celle d'un faucon crécerelle ou d'un épervier. Toutefois, sa tête plus proéminente et son bec droit lèvent toute confusion.

Migrateur présent de fin mars à fin septembre. Dans toute la France.

Silhouette rappelant celle d'un faucon. Envergure : 60 cm, pour une longueur de 34 cm environ.

Chant bien connu, *« coucou »*, qui lui vaut son nom ; la femelle émet aussi une sorte de rire caractéristique.

Ne construit pas de nid, mais parasite celui d'autres espèces.

Mœurs

Ce migrateur au long cours nous revient de ses quartiers africains dans la deuxième quinzaine de mars et se signale par son chant auquel sont attachées nombre de croyances populaires. Il s'accommode de la plupart des milieux naturels et se nourrit d'insectes, avec une prédilection pour les chenilles, notamment les processionnaires velues et urticantes.

Nidification

Comme chacun sait, il ne construit pas de nid et la femelle pond dans le nid d'autres espèces (rougegorge, fauvettes, rousserolles, bergeronnettes...) – un œuf à chaque fois, dont la couleur s'harmonise avec la ponte de sa victime. Douze jours plus tard, le jeune coucou bascule les œufs, voire les oisillons de ses parents adoptifs par-dessus bord. Nourri intensivement, ce glouton grossit très vite et, après une vingtaine de jours, quitte le nid devenu trop exigu. Il est alors très vulnérable à la prédation. Encore ravitaillé dans les environs pendant plusieurs semaines, il entreprend sa migration dès qu'il est capable de se débrouiller seul.

Confusions possibles

Il est régulièrement confondu avec l'épervier lorsqu'il est aperçu trop rapidement.

Cuculus canorus

COURLIS CENDRÉ

Famille des Scolopacidés

Par sa taille qui en fait le plus grand des limicoles et son long bec arqué, cet échassier ne prête guère à confusion. Son cri flûté permet de le repérer plus facilement que son plumage mimétique. Celui-ci est en effet beige à brun roussâtre, fortement rayé de brun-noir sur le dos, le cou et la poitrine. Les seules parties claires, blanc crème, sont le ventre et le bas du dos, bien visibles en vol. Mâles et femelles sont semblables.

Visible toute l'année. Nidification éclatée dans toute la France en petites colonies lâches.

Silhouette caractéristique soulignée par un bec arqué, très long. Hauteur : 53 à 58 cm.

Cri flûté, *« coûrli »*, qui lui a valu son nom. Chant en trille, *« couiiiiiii »*, typique.

Niche au sol, à découvert dans une prairie.

Mœurs

En hiver, on le retrouve sur les côtes ; au printemps et en été, c'est un habitant des prairies alluviales de fauche, accessoirement aussi des grandes landes. Toujours en éveil, il arpente l'espace d'un pas mesuré, à la recherche d'une provende assez diversifiée. En bord de mer, il capture petits crabes et crevettes ; sur les prairies où il niche, il cueille délicatement avec son bec vers de terre et coléoptères.

Nidification

Arrivé tout début mars sur ses sites de reproduction, il anime les lieux de ses parades nuptiales bruyantes et démonstratives. Le mâle creuse avec son corps plusieurs cuvettes dans le sol, généralement dans des lieux assez dégagés. Une seule est retenue par la femelle qui en garnit le fond d'herbes sèches. Elle y dépose 4 œufs vert olive maculés de brun qu'elle couve, pratiquement seule, pendant près d'un mois. Les jeunes quittent le nid quelques heures après l'éclosion, mais ne volent guère avant 5 semaines.

Espèces voisines

Sur les sites d'hivernage, on peut le confondre avec le courlis corlieu, plus petit et plus ramassé, dont le bec est plus court et la tête ornée de deux bandes brun foncé bien visibles. L'œdicnème criard a un bec court et de grands yeux exorbités.

Numenius arquata

CRABIER CHEVELU

Famille des Ardéidés

Ce héron de petite taille se reconnaît à sa silhouette trapue, à son plumage jaune roussâtre sur le dos, le cou et la poitrine, tandis que la gorge, les ailes et le ventre sont blancs. En plumage de noces, les deux adultes, semblables en toute saison, arborent une crête de longues plumes fines frangées de noir qui leur retombe sur la nuque, comme une perruque.

De fin avril à octobre en Camargue, dans la vallée du Rhône, la Dombes et la Brenne.

Petit héron trapu. Longueur : 44 cm, envergure : 80 à 90 cm.

Émet, à la tombée de la nuit, des « *kèrrrr* » rauques, presque étouffés.

Nid sommaire de branchages, le plus souvent dans un saule au milieu d'une héronnière réunissant plusieurs espèces.

Mœurs

Il fréquente la plupart des milieux humides, depuis les mares et les prairies jusqu'aux étangs, aux cours d'eau lents et aux rizières. Peu actif la journée, il se met surtout en chasse à l'aurore et à la tombée de la nuit. Il pêche des petits poissons, des batraciens et des insectes aquatiques et chasse de nombreux insectes sur les prairies, capturant même, au hasard des rencontres, mollusques, serpents et lézards.

Nidification

De retour fin avril, il rejoint tardivement les héronnières déjà occupées par d'autres espèces auxquelles il s'associe. Le mâle apporte les matériaux et participe à la construction du nid avec la femelle. C'est une petite plateforme juchée dans un arbre (souvent un saule) à plusieurs mètres de hauteur. La femelle pond 4 à 6 œufs vert-bleu pâle, couvés par les deux sexes pendant 3 bonnes semaines. Les jeunes commencent à voler à l'âge de 1 mois.

Confusions possibles

Le héron gardebœufs en plumage nuptial lui ressemble un peu, mais en diffère par son plumage blanc et fauve orangé ; en outre, ses épaules, ses joues et son cou sont blancs. L'aigrette garzette est plus élancée et toute blanche.

Ardeola ralloides

CYGNE TUBERCULÉ

Famille des Anatidés

Par sa taille et sa silhouette majestueuse, cet oiseau impose le respect et a d'ailleurs été acclimaté au siècle dernier comme oiseau d'ornement. Il est d'un blanc pur, mis à part ses pattes noires et son bec rouge orangé, surmonté d'une grosse bosse noire chez les adultes. Relativement gauche à terre, il révèle toute sa puissance lorsqu'il vole, le cou tendu, avec des mouvements d'ailes bruyants. Les sexes sont identiques.

Visible toute l'année. Largement distribué en France, plus rare dans le sud sauf dans la vallée du Rhône et en Camargue.

Silhouette caractéristique. Plus de 2 m d'envergure.

Plutôt silencieux. Émet parfois un « *kieurr* » rauque et peu sonore.

Nid volumineux, construit dans la végétation palustre.

Mœurs

Essentiellement végétarien, il arrache au fond de l'eau des herbes aquatiques, broute plantes et racines. Il fouille aussi la vase pour débusquer des petits crustacés et des larves d'insectes, voire des petits poissons. Dans les villes, il ne dédaigne pas les morceaux de pain. En dépit de son surnom de cygne muet, il lui arrive de faire entendre sa voix rauque.

Nidification

Assez taciturne, il se montre volontiers jaloux à l'égard de ses congénères. Chaque couple défend un territoire au centre duquel il édifie un nid particulièrement imposant. Il vaut mieux ne pas s'en approcher, car il se montre alors d'une agressivité redoutable. La femelle pond à partir de fin mai 5 à 7 gros œufs blancs qu'elle couve pendant 5 semaines sous la garde du mâle, qui la remplace de temps à autre lorsqu'elle va s'alimenter.

Espèces voisines

Le cygne chanteur, de taille semblable, et le cygne de Bewick, plus petit, tous deux également blancs, peuvent être observés en France, en hiver. Ils se distinguent par leur bec jaune et noir. Sur l'eau, leurs ailes ne sont pas arquées au-dessus du dos.

Cygnus olor

ÉCHASSE BLANCHE

Famille des Récurvirostridés

Elle porte bien son nom : haut perchée sur ses longues pattes rouges, on la reconnaît en effet du premier coup d'œil. Son manteau noir contraste très nettement avec le reste de son corps blanc. Son bec droit, noir et effilé comme une aiguille, long de 6 à 7 cm, prolonge sa petite tête ronde, couronnée de noir chez le mâle en période nuptiale. En vol, ses pattes dépassent largement sa queue et allongent sa silhouette.

D'avril à août, niche dans les marais côtiers et dans les régions d'étangs.

Silhouette caractéristique. Bec effilé, droit. Hauteur : 38 cm.

Cris durs et sonores, « *kvètt...kvètt* ».

Nid à découvert, très souvent entouré d'eau ou sur un sol détrempé, dans un marais ou au bord d'un étang.

Mœurs

Elle fréquente les eaux peu profondes, saumâtres ou non, et les lieux largement ouverts : lacs, étangs, marais côtiers... où elle chasse à vue, fléchissant les pattes pour atteindre ses proies. Il s'agit essentiellement d'insectes et de leurs larves. À l'occasion, elle capture des petits poissons ou des têtards. Quand elle s'alimente, elle tient ses congénères à distance, les houspillant au besoin avec des cris durs et sonores.

Nidification

De retour début avril, les couples se forment rapidement pour nicher en colonies lâches. Leur installation dépend des conditions du milieu, notamment de la hauteur d'eau. Le nid forme souvent un îlot minuscule entouré d'eau, associant des matériaux glanés aux alentours et rechargé en cas de montée du niveau. Il peut aussi être édifié sur un sol exondé simplement humide. La coupe, plus soignée, accueille à partir de la mi-mai 4 œufs jaunâtres ou brun olive, fortement tachés de brun-noir, couvés à tour de rôle par les adultes pendant 22 à 24 jours.

Espèces voisines

Pratiquement impossible à confondre avec une autre espèce.

Himantopus himantopus

EFFRAIE DES CLOCHERS

Famille des Tytonidés

Tout le monde connaît la « Dame blanche », au disque facial en forme de cœur, avec deux gros yeux noirs. Le manteau, beige, est délicatement nuancé de gris, de noir et de blanc. Selon la race, la face et le ventre peuvent être blancs, légèrement tachés de brun foncé à la poitrine et aux flancs, ou roussâtres, avec des plages plus sombres. La couleur du bec varie du blanc cassé au bleuâtre.

Partout en France. Commune dans les villages et les grands parcs. Sédentaire.

Grande taille. Longueur : 34 cm.

Émet un ronflement caractéristique en période de reproduction.

Pas de nid à proprement parler.

S'établit volontiers dans un nichoir, s'il est prévu pour elle.

Mœurs

La chouette effraie doit son nom aux ronflements qu'elle produit en période de nidification. Elle s'installe dans les greniers, les églises, les vieux arbres creux et s'y dissimule toute la journée. Les grandes fientes blanches sur les murs et les pelotes de réjection noires, brillantes, au sol (contenant les poils et les os non digérés de ses victimes) dénoncent sa présence. Elle chasse rongeurs et musaraignes de nuit, et niche occasionnellement dans les grands parcs.

Nidification

Elle ne fait pas de nid. Les 4 à 7 œufs blanc mat sont déposés directement, sans apprêt. La taille de la ponte dépend de la richesse du territoire en proies. Le mâle ravitaille sa femelle, très fidèle au site si elle n'est pas dérangée. Elle adopte assez souvent un nichoir (parcs urbains) si ses dimensions sont convenables (L. 40 × l. 50 × H. 40, avec ouverture de 20 × 20 cm).

Espèces voisines

La hulotte est beaucoup plus sombre. Le hibou moyen-duc a des yeux orange et des aigrettes sur la tête, visibles au repos. En vol, ses poignets sont marqués de noir. Il habite aussi certains parcs tranquilles.

Tyto alba

ENGOULEVENT D'EUROPE

Famille des Caprimulgidés

Il s'installe dans les coupes forestières et les landes. Tapi au sol, avec son plumage gris-brun, plus ou moins teinté de jaunâtre et de roussâtre, sa tête aplatie et ses yeux à demi fermés, c'est une écorce parmi les autres. Seul son chant si particulier révèle sa présence. Au mieux peut-on apercevoir sa silhouette à la tombée de la nuit. Elle évoque un peu celle du coucou. Les ailes et la queue du mâle sont ornées de taches blanches bien visibles.

De la mi-avril à la fin septembre, dans toute la France y compris en Corse.

Silhouette caractéristique évoquant le coucou. Envergure : 55 cm environ.

Chant : ronronnement continu typique, soutenu plusieurs minutes, « *Errrrreurrrrer...errr* », émis à la tombée de la nuit.

Pond directement sur le sol.

Mœurs

Son nom fait référence à sa technique de chasse. Il attrape, en vol, coléoptères et papillons grâce à son bec court largement fendu. Les insectes stockés dans le jabot sont ensuite digérés tranquillement pendant les longues heures de repos. Il est actif surtout à la tombée de la nuit et au petit matin. Ses chasses le conduisent souvent au milieu du bétail, ce qui a donné lieu à une légende tenace qui veut que les engoulevents tètent les chèvres !

Nidification

De retour vers la mi-avril, il ne commence guère à chanter que vers la fin du mois. Le mâle se met alors à parader. En vol, il relève brusquement ses ailes au-dessus du corps, produisant un claquement sec, puis étend ses ailes et sa queue avant de recommencer. À l'issue des accouplements, les 2 œufs allongés et mimétiques sont couvés à même le sol pendant 12 à 18 jours. Trois semaines plus tard, les jeunes savent voler.

Confusions possibles

Il est pratiquement impossible de le confondre avec une autre espèce, notamment en raison de ses habitudes nocturnes.

Caprimulgus europaeus

ÉPERVIER D'EUROPE

Famille des Accipitridés

Sensiblement de la même taille qu'un pigeon, la femelle se reconnaît à son manteau gris-brun et à son ventre blanc roussâtre, rayé de brun foncé. Le mâle, plus petit d'un tiers environ, est plus svelte, avec un dos plus gris et un ventre plus roux. Tous deux portent un sourcil clair au-dessus de l'œil. En vol, on notera ses ailes courtes et arrondies, ses sous-caudales blanches bien visibles et sa queue assez longue.

Dans toute la France, y compris en Corse. Visible toute l'année.

La femelle a la taille d'un pigeon, le mâle est plus petit d'un tiers environ. Ailes rondes et courtes, longue queue.

Émet un cri d'alarme rapide, « *kiékiékiékiékié* », aux abords du nid. Chant assez semblable, mais plus lent et plus plaintif.

Son nid est une construction assez lâche et volumineuse installée à la fourche d'un arbre, souvent un pin.

Mœurs

Il se nourrit surtout de petits oiseaux, notamment des étourneaux et des moineaux domestiques, qu'il chasse selon une technique éprouvée mais non infaillible. Il s'élève dans le ciel, repère sa proie et fond sur elle à toute vitesse, en tentant de la prendre par surprise. Il s'en empare avec ses serres, le bec ne servant qu'à porter l'estocade finale, souvent inutile tant le choc est rude.

Nidification

Pour construire son nid, il choisit un massif boisé, très souvent une parcelle de pins sylvestres. L'aire est une construction assez lâche de branchettes qui rappelle un peu la plate-forme des écureuils, placée entre 5 et 12 m de haut, parfois plus. C'est surtout la femelle qui s'acquitte de cette tâche avant de pondre ses 3 à 6 œufs blancs tachés de brun-roux. L'incubation dure un peu plus d'un mois. Les jeunes s'aventurent rapidement dans les branches voisines et volent à un mois.

Espèces voisines

L'autour mâle a la même taille que la femelle de l'épervier et une silhouette identique, ce qui rend leur différenciation difficile. L'épervier a un vol plus rapide et plus nerveux. Voir aussi les faucons et le coucou.

Accipiter nisus

ÉTOURNEAU SANSONNET

Famille des Sturnidés

Une queue courte, une tête assez grosse et un port dressé caractéristique permettent de l'identifier. De nombreux reflets irisés verts et pourpres animent le plumage sombre, noir et brillant en été. En hiver, celui-ci est plus terne, finement tacheté de beige. Le bec, brun grisâtre, devient jaune citron pendant la nidification. Les jeunes sont gris-brun.

Commun partout en France. Toute l'année. Remplacé en Corse par l'étourneau unicolore *(Sturnus unicolor)*, tout noir.

Silhouette dressée, queue courte. Longueur : 21 cm.

Chant et cris faisant appel à de nombreuses imitations d'autres oiseaux.

Nid sommaire, placé dans une cavité de mur ou d'arbre.

S'accommode fort bien des nichoirs.

Mœurs

Actif et remuant, c'est un oiseau sociable que l'on observe souvent en bandes. Il se nourrit beaucoup au sol, recherchant vers et insectes, mais ne dédaigne pas les fruits, au printemps, au grand dam des jardiniers. La plupart du temps, il se montre farouche, sauf dans les villes où il se moque éperdument des gens. À la tombée de la nuit, les dortoirs rassemblent des milliers d'individus.

Nidification

Il niche dans une cavité, souvent à grande hauteur (rarement à moins de 3 m), et s'installe dans les parcs, les vergers ou les bâtiments, s'accommodant fort bien d'un nichoir ou d'un ancien nid de pic, quand il ne décide pas, tout simplement, d'évacuer le propriétaire des lieux. Le fond du nid est sommairement garni de brins d'herbes. Une ou deux pontes annuelles de 5-6 œufs bleu verdâtre uni.

Espèce voisine

Il ressemble au merle noir, mais se déplace au sol en marchant et non en sautant ; sa queue est beaucoup plus courte et son plumage n'est pas uniforme. Il se tient plus droit.

Sturnus vulgaris

FAISAN DE COLCHIDE

Famille des Phasianidés

Le mâle, nettement plus coloré que la femelle, s'en distingue par la tête et le cou vert sombre, brillant. Une rosette de peau écarlate entoure l'œil. Ses dessous sont roux cuivré, ponctués de noir. Le dos est marron tacheté de roussâtre et de noir. La queue marron, relativement longue, est striée de brun. Plus discrète, la livrée de la femelle est fauve rosé, tachée de brun-roux et de noir. Sa queue est plus courte.

À peu près partout en France. Populations largement entretenues pour la chasse. Sédentaire.

De la taille d'une poule domestique avec une longue queue ; sa silhouette est connue de tous.

Le chant territorial des mâles, « *kreukeurk* », est souvent suivi d'un bruissement d'ailes caractéristique.

Le nid est une simple excavation du sol moulée par le corps de la femelle, dans l'herbe, souvent au pied d'une haie.

Mœurs

Originaire de Géorgie, cet oiseau aurait été introduit en Europe dès l'Antiquité, mais c'est aux Romains que l'on doit son acclimatation en Europe. Selon son degré de domestication et la période de l'année, cet oiseau gibier peut se montrer farouche ou, au contraire, très confiant. Il aime les endroits où alternent les zones boisées et les espaces plus ouverts. Granivore à la mauvaise saison, il apprécie les insectes au retour du printemps et en été.

Nidification

À la fin de l'hiver, les mâles se cantonnent sur un territoire dont ils affirment la possession par leur chant, souvent accompagné d'un bruissement d'ailes caractéristique. Ils règnent sur un petit « harem ». Le nid dissimulé dans l'herbe reçoit 8 à 12 œufs brun olive, couvés 22 à 25 jours. Les femelles s'acquittent seules de sa construction, de la couvaison et de l'élevage des jeunes.

Espèces voisines

Plusieurs races de cette espèce cohabitent et, compte tenu des croisements opérés, le plumage peut varier d'un individu à l'autre. Le faisan vénéré au plumage jaune d'or marqué de noir et à la queue plus longue est plus strictement forestier.

Phasianus colchicus

FAISAN VÉNÉRÉ

Famille des Phasianidés

Un peu plus gros que le faisan de Colchide, le mâle s'en distingue aisément par sa tête blanche, marquée d'une bande noire à l'arrière des yeux. Son corps jaune et roux écaillé de noir est orné d'un plastron noir. Sa queue plus claire, barrée de noir, est démesurément longue. La femelle est brun jaunâtre, également tachée de noir, avec une calotte brune et des joues jaunâtres.

Espèce introduite çà et là, principalement au nord de la Loire où elle a localement fait souche.

Même silhouette que le faisan de Colchide, mais plus gros, avec une queue plus longue. Longueur : jusqu'à 1,80 m.

Émet des craquètements et des sifflements caractéristiques. Le mâle marque son territoire avec des bruissements d'ailes.

Nid sommaire, à même le sol.

Mœurs

Introduit au XIXe siècle, il est originaire des forêts montagneuses qui couvraient jadis le nord et le centre de la Chine. Ayant conservé ses habitudes forestières, il exige des allées assez ensoleillées et des peuplements diversifiés. Il affectionne les fruits sauvages : framboises, fraises, glands, faines, châtaignes..., mais les insectes lui sont indispensables au printemps, notamment pour l'élevage des jeunes.

Nidification

Les groupes hivernaux éclatent au printemps. Les mâles prennent alors possession d'un territoire qu'ils défendent avec acharnement et y attirent plusieurs femelles. Celles-ci pondent, en mars-avril, 9 à 12 œufs olivâtres à jaunâtres, qu'elles couvent seules. Le nid est une simple dépression du sol, plus ou moins aménagée au pied d'une souche ou d'une cépée. Les femelles élèvent seules leur nichée.

Espèces voisines

Le faisan de Colchide est un peu plus petit et de couleurs bien différentes. Il est aussi beaucoup plus répandu et moins lié au milieu forestier.

Syrmaticus reevesii

FAUCON CRÉCERELLE

Famille des Falconidés

Le mâle a le dessus et les côtés de la tête gris-bleu et porte d'étroites moustaches sombres. Le dessous, crème, est rayé et ponctué de taches noires; le manteau, roux, tacheté de noir. La queue gris-bleu, bordée d'une large bande noire, est finement soulignée de blanc. La femelle et les jeunes arborent des coloris moins vifs, et le brun remplace le gris. En vol, on le repère à ses ailes pointues et à sa longue queue.

Dans toute la France.
Sédentaire.

Silhouette caractéristique. En vol, les ailes sont pointues, la queue longue. Longueur : 34 cm.

Le chant est une crécelle caractéristique émise pendant la période de reproduction.

Il s'installe dans une cavité ou dans le nid désaffecté d'un autre oiseau, mais ne construit pas de nid.

Mœurs

Le plus commun de nos faucons a un vol géo-stationnaire caractéristique, en « Saint-Esprit », pour repérer ses proies, principalement des insectes, des petits rongeurs et des lézards. Son chant, comparable au bruit d'une crécelle, justifie son nom. Ce campagnard ne dédaigne pas la ville (plusieurs couples vivent au cœur de Paris et nichent dans les tours de Notre-Dame). Il niche occasionnellement dans les parcs et les vergers.

Nidification

Tout comme les chouettes, le faucon ne construit pas de nid. Il récupère parfois le nid désaffecté d'un autre oiseau, celui du choucas, du pigeon ou de la pie notamment. Il s'établit également sur les tours des châteaux, voire dans les clochers et s'accommode d'un nichoir. La ponte annuelle comprend 4-5 œufs beiges, très largement maculés de marron-rouge.

Espèce voisine

L'épervier d'Europe lui ressemble et s'approche parfois des maisons en hiver ; son manteau est gris (mâle) ou brun (femelle et jeunes), et ses ailes sont arrondies et non pointues.

Falco tinnunculus

FAUCON HOBEREAU

Famille des Falconidés

Il offre des contrastes de couleurs qui facilitent sa détermination, les deux sexes étant par ailleurs semblables. Le dessus de sa tête et son dos sont brun ardoisé à noirâtres. Les côtés de sa tête et ses moustaches noires tranchent sur son cou d'un blanc éclatant. Sa poitrine blanche est largement rayée de brun-noir. Le ventre, les culottes et les sous-caudales sont brun-roux, plus ou moins rayés de noir.

Nulle part abondant, il est distribué à travers tout le pays. Noté entre avril et octobre.

Sa silhouette évoque celle d'un martinet. Envergure : 72 à 84 cm.

Émet une série de cris d'alarme rapides, près de son nid : « *kikikikiki* ».

Ne construit pas de nid. Occupe un vieux nid de corvidé.

Mœurs

En vol, avec ses ailes pointues et son manteau presque noir, il fait penser à un gros martinet. Il passe de longues heures sur un perchoir d'où il surveille ses proies potentielles, puis s'élève et fond sur elles avec la rapidité d'un éclair. Il s'agit souvent de petits oiseaux qu'il crochète en l'air avec ses serres. Il s'attaque volontiers aux libellules et aux gros coléoptères qu'il consomme alors en plein vol en les tenant dans ses pattes.

Nidification

Cet habitant des contrées semi-boisées affectionne les zones humides parsemées de landes et les prairies bocagères. Il nous revient aux premiers jours d'avril. C'est en juin que la femelle adopte un vieux nid de corneille, généralement assez haut, pour y déposer sa ponte de 3 œufs brun rougeâtre sur fond blanc jaunâtre. Deux mois plus tard, les jeunes quittent l'aire et apprennent à chasser sous la conduite incitative des parents. Comme les hirondelles, ce faucon nous quitte en octobre.

Espèces voisines

Le faucon pèlerin, plus gros, présente une silhouette identique. Il paraît plus massif, plus puissant et sans culottes rousses. Le faucon émerillon est plus petit et ses ailes sont proportionnellement plus larges.

Falco subbuteo

FAUVETTE GRISETTE

Famille des Sylviidés

Une silhouette allongée, brun grisâtre, avec une queue relativement longue et des ailes bordées de roux, voilà ce qui frappe d'emblée l'observateur. Le mâle se distingue de la femelle et des jeunes par sa tête grise, contrastant avec sa gorge très blanche. Sa poitrine est délicatement rosée, l'œil cerné par un cercle blanc.

D'avril à octobre, dans tout le pays à l'exception de la Corse.

Silhouette allongée. Toujours en activité. Longueur : 14 cm.

Chant typique : « *tchitchihouitcherri tchoutcherouitchou* ».

Nid d'herbes sèches, soigné, à faible hauteur dans une haie ou au milieu d'un champ.

Mœurs

Elle nous revient d'Afrique aux premiers jours d'avril. Très vive, elle déambule en permanence dans les fourrés et on a un peu de mal à la suivre. Elle affectionne les milieux relativement ouverts, parsemés de haies et de buissons. Elle cueille ici et là chenilles, papillons, coléoptères et diptères, ne dédaignant pas les baies bien mûres, gorgées de soleil. À la fin septembre, elle a généralement quitté notre pays.

Nidification

Cantonné à un territoire, le mâle se met à chanter, bien en vue depuis un perchoir. Il transporte des brins d'herbe sèche et édifie quelques ébauches de nid, assez bas, parfois au sol. La femelle retient l'une d'entre elles et termine l'ouvrage, aidée par son compagnon qui lui apporte les matériaux. C'est une petite coupe assez volumineuse et soignée. Les 5 œufs de couleur claire, assez variable, tachés d'ocre et de noir, sont couvés par les deux parents pendant une dizaine de jours.

Espèces voisines

La fauvette babillarde est plus grise avec des joues noires et sans marque rousse aux ailes. Elle est aussi plus furtive. La fauvette des jardins se distingue par son chant plus monotone et son plumage uniformément gris. Voir aussi la fauvette à tête noire.

Sylvia communis

FAUVETTE À TÊTE NOIRE

Famille des Sylviidés

De petite taille, furtive et toujours en mouvement, elle a un manteau brun-olive à grisâtre, un ventre blanc et des flancs gris olivâtre. Les ailes et la queue sont gris-noir. Le mâle possède une calotte noire brillante qui lui descend jusqu'aux yeux; celle de la femelle et des jeunes est brune. La teinte générale de leur plumage est également plus brune et moins grise. Le bec et les pattes restent sombres.

Très commune en France dès le début du printemps dans les parcs et jardins, mais discrète. Très rare en hiver.

Silhouette fine, toujours en activité. Longueur : 14 cm.

Chant à la fois fin et puissant, rappelant un peu celui du merle noir.

Petite coupe à claire-voie dans un buisson, à faible hauteur.

Mœurs

Prudente, sans être pour autant farouche, elle ne se montre pas facilement à découvert. Toujours à sauter de branche en branche à la recherche d'un insecte ou d'une araignée, elle trahit souvent sa présence par son chant. Celui-ci fait un peu penser au chant du merle noir, mais en plus fin. Dès l'été et à l'automne, elle s'accommode fort bien de fruits (framboises, mûres, cassis, cerises, raisins...). Elle affectionne les buissons touffus et les baies.

Nidification

Plus ou moins bien dissimulé, mais toujours à l'ombre, le nid est un délicat assemblage lâche de tiges et de radicelles, disposé à l'extrémité d'une branche, sur une fougère ou dans les herbes. L'intérieur est garni de matériaux plus fins. Selon les régions, on enregistre une ou deux pontes annuelles, de 3-5 œufs grisâtres ou roussâtres, marbrés et tachés de brun et de gris.

Espèces voisines

En dépit de son nom, la fauvette des jardins est plus forestière ; son manteau est d'un brun-gris uniforme, le dessous blanc grisâtre. La fauvette grisette est plus rousse, avec une tête grise, et vit plutôt dans les champs. Voir aussi les pouillots.

Sylvia atricapilla

FOULQUE MACROULE

Famille des Rallidés

D'une taille respectable, celle d'une poule, les deux sexes présentent un plumage gris anthracite. D'un blanc pur, le bec et la plaque qui orne le front de la foulque tranchent singulièrement et se repèrent de loin. Ses pattes aux doigts gris-vert, lobés, en font une excellente nageuse. Elle se déplace à terre, mais répugne à s'envoler, ses ailes révélant alors une étroite barre blanche.

Un peu partout en France, là où des étendues d'eau sont susceptibles de l'accueillir. Visible toute l'année.

Silhouette bossue, toute noire avec le bec et le front blancs. Longueur : 38 cm.

Lance souvent un « *kvîhye* » sonore au printemps.

Nid volumineux, entouré d'eau, dissimulé ou non dans la roselière.

Mœurs

Inféodée aux étangs et aux lacs, elle fréquente volontiers les eaux saumâtres ou salées des lagunes, notamment en hiver. Elle se montre assez peu exigeante et se nourrit de la plupart des végétaux aquatiques, qu'ils soient flottants ou immergés. Elle plonge fréquemment pour décrocher les herbes du fond, mais c'est une piètre plongeuse qui remonte comme un bouchon. Il n'est pas rare de la voir pâturer dans les champs.

Nidification

À la sortie de l'hiver, le mâle prend possession d'un territoire qu'il défend avec conviction, ce qui donne lieu à des joutes animées. Il propose à sa femelle plusieurs ébauches de nid, puis lui apporte les matériaux tandis qu'elle assure les finitions de l'ouvrage. Assez volumineux et soigné, le nid est généralement entouré d'eau. Les 8 œufs gris-beige finement ponctués de noir sont couvés une vingtaine de jours. Les jeunes sont noirs avec une tête rouge et suivent les adultes peu après l'éclosion.

Confusions possibles

La poule d'eau est un peu plus petite et a une nage saccadée. Elle se distingue par sa queue blanche et noire, relevée ; son bec et sa plaque frontale sont rouges.

Fulica atra

FULIGULE MILOUIN

Famille des Anatidés

Sa silhouette, plus ramassée que celle des canards de surface, révèle un plongeur. Le mâle se distingue par son plumage gris clair, sa tête brun-rouge et sa poitrine noire. La femelle est plus brune, avec une poitrine marron foncé et une tête brun roussâtre. En vol, leurs ailes paraissent grises avec des rémiges à peine plus claires que les couvertures.

Niche dans les 2/3 nord du pays, mais avec des effectifs souvent modestes. Observé toute l'année.

Silhouette typique des canards plongeurs. Longueur : environ 40 cm.

Plutôt silencieux. Émet un « *krarrr* » bas et rauque au moment des amours.

Nid bien dissimulé dans la végétation, garni du duvet de la femelle.

Mœurs

Il aime les eaux calmes, d'une profondeur moyenne, opérant des regroupements hivernaux parfois importants. Une bonne partie de la journée est vouée au repos. Il s'active en soirée et le matin, multipliant les plongées pour décrocher au fond de l'eau, jusqu'à 4 m, les potamots, myriophylles et autres cératophylles dont il se nourrit. Il mange aussi des petits crustacés, à l'occasion des alevins et des têtards.

Nidification

En avril, les milouins se rapprochent de la végétation et les parades nuptiales se multiplient. Bientôt, on ne voit plus que les mâles qui surveillent. Les femelles couvent. Discrètement installées dans la végétation, elles choisissent une touffe de laîches, voire un vieux nid de foulques pour pondre, dissimulant leurs œufs gris verdâtre sous le duvet qu'elles arrachent à leur ventre. L'incubation dure un peu moins d'un mois et les femelles réapparaissent chargées de famille.

Espèces voisines

Dans l'eau, la femelle milouin peut être aisément confondue avec celle du morillon (plus sombre) si l'on n'y prend garde. Elle n'a pas les sous-caudales blanches du fuligule nyroca. En hiver, confusion possible avec la femelle du fuligule milouinan.

Aythya ferina

FULIGULE MORILLON

Famille des Anatidés

De la même taille que le fuligule milouin, le mâle s'en distingue d'emblée par un plumage noir qui tranche nettement sur le ventre et les flancs d'un blanc pur. Son cou est plus élancé. En plumage nuptial, il arbore une huppe bien visible. La femelle est brun sombre, sa huppe moins visible. En vol, tous deux révèlent une large plage blanche sur l'aile.

Niche au nord d'une ligne reliant la Vendée à la Haute-Savoie. Visible toute l'année.

Silhouette caractéristique des canards plongeurs, avec une huppe au printemps. Longueur : 43 cm.

Au printemps, la femelle émet un « *karrr* » rauque. Demeure silencieux le reste de l'année.

Nid bien dissimulé dans la végétation palustre, généralement entouré d'eau.

Mœurs

Il se montre moins exigeant que le milouin dans ses habitats et il n'est pas rare de le retrouver en pleine ville au milieu des colverts et des cygnes. Son alimentation est essentiellement composée de mollusques, de petits crustacés et de larves d'insectes qu'il attrape au cours de ses plongées d'une durée moyenne de 20 à 30 secondes. Il peut ainsi atteindre des fonds de 7 à 8 m sans problème. Il est généralement plus actif que le milouin dans la journée.

Nidification

Bien que les couples se forment à la fin de l'hiver, c'est un nicheur tardif. La femelle ne pond guère avant mai ou juin. Le nid est souvent dissimulé dans une touffe de laîches, au milieu de la roselière. La femelle y couve 8 à 10 œufs gris verdâtre qu'elle entoure de duvet. Une fois éclos, les jeunes sont rapidement livrés à eux-mêmes et volent encore bien mal à l'ouverture de la chasse !

Espèces voisines

Le mâle ressemble, en hiver, à celui du fuligule milouinan, mais ce dernier a le dos gris. La femelle est souvent confondue avec celle du milouinan et du milouin au dos plus clair, et avec celle du fuligule nyroca, aux sous-caudales blanches.

Aythya fuligula

GALLINULE POULE D'EAU

Famille des Rallidés

À terre, elle évoque une poulette, d'où son nom. Lorsqu'elle nage, on la repère à ses avancées saccadées et à son plumage sombre, brun olive, orné de sous-caudales blanches formant un triangle partagé de noir. Une ligne blanche, bien visible, sépare le manteau des flancs presque noirs. Son bec à pointe jaune devient rouge à la base et se prolonge par une plaque frontale rouge. Mâle et femelle sont identiques.

Commune dans tout le pays et visible toute l'année.

Taille et silhouette d'une poulette. Longueur : 32 cm, envergure : 52 à 56 cm.

Signale sa présence par un « *krrou* » net et sonore. Nombreux autres cris en période nuptiale.

Nid assez volumineux et soigné, bâti au milieu de l'eau, à terre ou dans un arbre.

Fréquente volontiers les places de nourrissage en hiver.

Mœurs

Aussi à l'aise sur l'eau que dans les prairies qui bordent les rivières et les étangs, elle se montre très éclectique et habite petites mares comme grands étangs ou rivières lentes, y compris au cœur des villes. Elle n'est pas plus exigeante dans sa quête alimentaire. Aux graines, bourgeons, potamots et lentilles d'eau, elle ajoute des insectes et leurs larves, des vers de terre, des têtards, voire des petits poissons.

Nidification

La femelle construit un nid assez soigné avec les matériaux que lui apporte le mâle et l'établit tantôt au milieu de l'eau, tantôt à terre, voire dans un arbre. La coupe profonde reçoit 7 ou 8 œufs brun jaunâtre tachés de brun-marron que les deux adultes couvent à tour de rôle pendant une vingtaine de jours. Une seconde et parfois une troisième ponte succèdent à la première.

Confusions possibles

La tache blanche de la queue qui tient lieu de signal optique chez l'oiseau empêche toute confusion avec un autre oiseau d'eau.

Gallinula chloropus

GEAI DES CHÊNES

Famille des Corvidés

Bien qu'il appartienne à la famille des corvidés, dont il a le bec et certains traits de caractère, son plumage tranche singulièrement avec leur livrée noire. Son dos est brun-rose, tout comme sa poitrine, un peu plus claire. Ses poignets sont marqués par des couvertures noires et bleu ciel qui dissipent toute confusion. Le large croupion blanc et la queue noire des deux sexes confirmeraient au besoin sa détermination.

Présent dans tout le pays, y compris en Corse. Visible toute l'année.

Taille d'un pigeon. Silhouette et plumage très caractéristiques. Longueur : 34 cm.

Très bruyant en hiver, pousse des cris rauques, de puissants « *krhèèèsch* » assez désagréables.

Nid de branchages d'environ 20 cm de large, le plus souvent à la fourche d'un arbre, entre 2 et 5 m de haut, parfois plus.

Mœurs

Formant des bandes bruyantes l'hiver, c'est un forestier qui répugne à se montrer à découvert. Son nom fait référence à ses habitudes alimentaires. C'est en effet un grand consommateur de glands. Il mange aussi châtaignes, noisettes, fruits et baies sauvages. Au printemps, il apprécie les insectes dont il ravitaille sa progéniture. Le pillage des nids qu'on lui attribue est très largement exagéré par les chasseurs.

Nidification

À partir d'avril, le geai redevient silencieux et se retire en couples pour nicher. Son nid, construit par les deux sexes, est un assemblage assez lâche de branchages, disposé à la fourche d'un arbre ou posé sur une branche latérale entre 2 et 5 m. La femelle y dépose 5 ou 6 œufs gris-vert, finement tachetés de brun olive, qu'elle abandonne au moindre dérangement. Après 2 semaines d'incubation, les jeunes sont nourris dans la plus grande discrétion par les deux adultes et quittent le nid à une vingtaine de jours.

Confusions possibles

Pratiquement impossible à confondre.

Garrulus glandarius

GOBEMOUCHE GRIS

Famille des Muscicapidés

Avec son manteau brun-gris, strié de brun foncé sur la tête et un peu plus sombre sur les ailes, cet oiseau familier n'attire guère l'attention. Le dessous du corps est blanc grisâtre, rayé de brun sur les côtés de la gorge et de la poitrine. Ses flancs sont légèrement teintés de brun pâle, tandis que sa queue est brun foncé. Son bec est aplati et pointu. Les deux sexes sont identiques.

Pratiquement partout en France. Visible de fin avril à début octobre.

De la taille d'un moineau, mais avec une silhouette plus dressée. Longueur : 13,5 cm.

Cri dur et aigu : « *tsrii* ». Chant : quelques notes grinçantes espacées, « *tsip-tsip-srî-tsitip-sip...* ».

Nid de radicelles, mousses, lichens et toiles d'araignée, dans une treille, un lierre ou le long d'un tronc.

Adopte occasionnellement un nichoir à grande ouverture.

Mœurs

Il nous revient fin avril-début mai et s'installe alors dans les forêts claires et les parcs, passant le plus souvent inaperçu en raison de son extrême discrétion. Il porte toutefois bien son nom, car c'est un redoutable chasseur d'insectes. Posté à l'ombre, dans un endroit stratégique, il surveille son territoire et fond par surprise sur les insectes qui font l'erreur de le traverser : mouches, papillons, guêpes, libellules sont au menu.

Nidification

Le nid est installé dans la cavité d'un mur, contre un tronc dans un lierre, souvent dans une treille à 2 ou 3 m du sol. La femelle construit pratiquement seule cette coupe assez lâche de tiges, radicelles, mousses et lichens, maintenus par des toiles d'araignée. Elle y effectue souvent deux couvées de 4 ou 5 œufs blanc verdâtre tachés de brun-rouge et de gris violacé qui éclosent au bout de 2 semaines.

Espèces voisines

On ne peut guère le confondre avec une autre espèce. Le gobemouche noir offre un plumage beaucoup plus contrasté. Il est aussi beaucoup plus localisé.

Muscicapa striata

GOÉLAND ARGENTÉ

Famille des Laridés

Il est souvent confondu avec les mouettes, bien que sa taille nettement supérieure ne laisse aucun doute sur son identité. Entièrement blancs, à l'exception de leur manteau gris-bleu pâle et de la pointe noire de leurs rémiges externes, mâles et femelles disposent d'un gros bec jaune puissant, ponctué d'une tache rouge sur la mandibule inférieure. Leurs pattes sont roses. Les immatures ont un manteau brun et gris.

Niche sur le littoral ouest, mais s'observe loin à l'intérieur des terres en hiver lorsqu'il remonte les fleuves.

De la taille d'une buse. Silhouette caractéristique avec un bec puissant. Envergure : 1,30 à 1,50 m.

En dehors du site de nidification, il est généralement silencieux.

Nid sommaire au sol, sur une falaise ou le toit des maisons.

Mœurs

D'une taille comparable à celle de la buse, c'est un admirable voilier qui se joue de tous les vents. Il nage bien, grâce à ses pattes palmées. Particulièrement éclectique dans sa recherche de nourriture, il tire parti de tout. Cela le conduit des plages jusqu'aux décharges d'ordures ménagères des grandes villes, en passant par les labours fraîchement retournés. En hiver, on l'observe loin à l'intérieur des terres où il remonte les fleuves.

Nidification

Il niche dans les falaises maritimes de la façade ouest, mais aussi sur quelques bâtiments dans les villes, notamment à Brest et Morlaix. Il se contente le plus souvent d'une simple dépression du sol où la femelle dépose 2 gros œufs brun-vert tachés de gris et de brun-noir.

Espèces voisines

Le goéland leucophée lui ressemble comme un frère à l'exception de ses pattes jaunes. Il niche sur les côtes et à l'intérieur des terres : vallée du Rhône et de la Loire notamment, où il côtoie le goéland cendré, plus petit, dont les pattes et le bec, dépourvu de tache rouge, sont jaune verdâtre.

Larus argentatus

GRAND CORMORAN

Famille des Phalacrocoracidés

Il a presque la taille d'une oie, mais une silhouette bien différente, nettement plus allongée avec un bec puissant, terminé par un crochet. Son plumage est noir à reflets bronzés à l'exception de la gorge et des joues blanchâtres mêlées de brun. La tête des adultes se pare de plumes blanches à la fin de l'hiver et d'une large tache blanche au niveau de la cuisse. Les immatures sont brun-noir avec un ventre plus clair. Les sexes sont identiques.

Visible un peu partout en hiver, sur les fleuves et dans les régions d'étangs où il commence à nicher depuis peu en France.

Silhouette caractéristique. Passe de longues heures à se sécher, les ailes écartées. Envergure : 1,40 m environ.

Généralement silencieux sur ses sites d'hivernage.

Nid de branchages au sol ou dans un arbre.

Mœurs

Jusqu'à une époque récente, on ne l'observait en France que sur les côtes où il se reproduisait en faible nombre ; il est brusquement apparu en hiver un peu partout sur les fleuves, les rivières et dans les régions d'étangs où les pisciculteurs n'apprécient guère sa présence. C'est en effet un pêcheur redoutable qui attrape les poissons en les poursuivant sous l'eau. Son plumage n'étant pas imperméable, il passe de longues heures à se sécher, les ailes étendues.

Nidification

Il se reproduit en colonies en mars-avril, soit sur les côtes rocheuses où il niche au sol, soit dans les marais où il établit son nid de branchages dans les arbres. Les deux adultes se relayent pour couver leurs 3 ou 4 œufs bleu pâle pendant 4 semaines. Les jeunes sont en mesure de voler au bout de 2 mois.

Espèces voisines

Le cormoran huppé, plus petit, est strictement inféodé aux côtes maritimes et ne s'observe que très exceptionnellement à l'intérieur du pays.

Phalacrocorax carbo

GRAND-DUC D'EUROPE

Famille des Strigidés

Sa forte taille, approchant celle d'un aigle royal, sa silhouette caractéristique marquée par deux larges aigrettes de plumes au sommet de la tête et ses gros yeux à l'iris orangé ne laissent aucun doute sur son identité. Son plumage jaunâtre taché de brun-noir et de roussâtre est un peu plus clair sur le ventre que sur le dos. Ses pattes emplumées sont armées de serres impressionnantes. Les deux sexes sont identiques.

Dans le quart sud-est de la France, ici et là dans les Ardennes, en Lorraine, dans les Vosges et le Jura. Sédentaire.

Silhouette typique : 2 larges aigrettes (parfois rabattues sur la tête). Longueur : 65 à 70 cm, envergure : 1,55 à 1,80 m.

Le mâle lance un « *hou-ôh* » sur 2 tons à intervalles réguliers. Nombreux autres cris.

Pond à même le sol, dans une falaise rocheuse.

Mœurs

Durant le jour, dissimulé dans les rochers ou contre le tronc d'un arbre, immobile et mimétique, c'est une pierre parmi les pierres, une branche parmi les branches. Il prend son essor au crépuscule, révélant de grandes ailes arrondies, une queue courte et une grosse tête obtuse qui lui confèrent une silhouette énorme. Chasseur très éclectique, il attrape essentiellement des rongeurs, des lapins, mais capture aussi des oiseaux ou de petits carnivores et fréquente volontiers les décharges municipales.

Nidification

Le mâle délimite son territoire par son chant. En mars, la femelle recherche une petite niche dans les rochers, dissimulée par des buissons, pour pondre, à même le sol, 2 ou 3 gros œufs blanc grisâtre. Elle les couve seule pendant plus d'un mois, ravitaillée par le mâle qui dépose des proies à proximité. L'élevage des jeunes est long. Ils quittent le nid en juillet.

Confusions possibles

Compte tenu de sa taille, cet oiseau ne peut pas être confondu avec un autre.

Bubo bubo

GRÈBE CASTAGNEUX

Famille des Podicipédidés

Gros comme le poing, il arbore au printemps un plumage châtain clair, un peu plus sombre sur le dos que sur les flancs, avec le cou et les joues marron-roux. En hiver, son dos est brun sombre, ses flancs, son cou et ses joues sont beiges. Son bec trapu est orné d'une tache jaunâtre à la commissure des mandibules et son cou paraît enfoncé entre ses épaules. Les deux sexes sont identiques.

Dans toute la France, sur les étangs, les lacs et même les mares. Visible toute l'année.

Petite boule de plumes grosse comme le poing. Longueur : 20 cm.

Son chant roulé rappelle un éclat de rire : « *bibibibibibi* ».

Nid flottant de végétaux en décomposition.

Mœurs

On le rencontre à peu près partout, depuis les petites mares jusqu'aux grands lacs, en passant par les étangs et les rivières lentes. S'il lui arrive de se montrer à découvert, notamment l'hiver, il recherche avant tout la sécurité des ceintures végétales et passe ainsi souvent inaperçu. Il plonge et poursuit sous l'eau les insectes aquatiques et leurs larves, les mollusques et les crustacés, attrapant à l'occasion un alevin ou un têtard.

Nidification

En mars-avril, chaque couple délimite son territoire d'où est rapidement évincé tout intrus. Son nid est un amas flottant et informe de débris végétaux arrimé aux joncs environnants. Il recueille 5 ou 6 œufs blancs qui, au contact des plantes humides, se teintent rapidement. L'incubation dure une vingtaine de jours. Le mâle prend en charge les poussins, tandis que la femelle entreprend une seconde couvée.

Confusions possibles

En hiver, le castagneux peut éventuellement être confondu avec le grèbe à cou noir, mais ce dernier est plus gros, avec un plumage noir et blanc, et non brun et beige.

Tachybaptus ruficollis

GRÈBE À COU NOIR

Famille des Podicipédidés

Un peu plus gros que le grèbe castagneux, avec un bec assez court, légèrement retroussé, il se reconnaît à son plumage noir dessus, ses flancs roux flamboyants et son ventre blanc. Dans le prolongement de son œil rouge, sa joue porte un éventail de plumes dorées. En hiver, il arbore une livrée grise et blanche, avec le dos et le sommet de la tête noirs. Mâle et femelle sont identiques.

Sur les étangs au printemps, sur les lacs et les côtes en hiver.

Taille intermédiaire entre le grèbe huppé et le castagneux.
Longueur : 30 cm environ.

Lance un « *houîît...uit-it* » au moment des parades nuptiales.

Nid flottant de végétaux en décomposition.

Mœurs

Fréquentant les étangs et les lacs au printemps, il s'installe au cœur des colonies de mouettes rieuses et de guifettes. Habile pêcheur, il poursuit et avale sous l'eau petits poissons, têtards, crustacés et mollusques. À la belle saison, il se nourrit essentiellement d'insectes aquatiques et de leurs larves. Ses plongées d'une trentaine de secondes alternent avec de longues périodes de repos.

Nidification

Le couple amasse des végétaux plus ou moins pourrissants, sur lesquels la femelle pond 4 ou 5 œufs blancs qui se teintent progressivement au contact du nid. Mâle et femelle couvent à tour de rôle, pendant une vingtaine de jours, et recouvrent leurs œufs quand ils quittent le nid. Les 2 ou 3 premiers jeunes éclos grimpent sur le dos des adultes. Le reste de la ponte est généralement laissé à l'abandon.

Confusions possibles

Il peut être confondu avec le grèbe esclavon, notamment en hiver, mais les joues bien blanches de ce dernier contrastent alors nettement avec sa calotte noire, ce qui n'est pas le cas chez le grèbe à cou noir. Voir aussi le grèbe castagneux.

Podiceps nigricollis

GRÈBE HUPPÉ

Famille des Podicipédidés

Il se repère de loin à sa taille, qui est à peu près celle d'un colvert, mais avec un cou long et étroit. Son dos est brun-gris, ses flancs blancs, marqués de roussâtre. En plumage nuptial, mâle et femelle, qui sont identiques, arborent une belle collerette de plumes orangées qu'ils déploient au moment des parades. L'hiver, leur plumage est plus terne, gris-brun dessus, tout le reste blanc sale.

S'observe toute l'année sur les étangs, sauf en cas de gel ; on le retrouve alors sur les fleuves, les lacs et les côtes.

Taille d'un colvert, mais long cou et bec pointu comme celui d'un héron. Longueur : 50 cm environ.

Très bruyant au printemps. Lance un « *rrrah* » sonore.

Nid flottant de végétaux palustres en décomposition. Dans la ceinture végétale d'un étang, parfois à découvert.

Mœurs

Il habite les étangs au printemps, les lacs et les côtes en hiver. Répugnant à voler, il se déplace en nageant et en plongeant ; il peut rester presque une minute sous l'eau. Son régime alimentaire se compose de poissons qu'il attrape en plongée grâce à son bec redoutable et affûté comme un poignard. Mais il ne dédaigne pas les batraciens, les mollusques, les crustacés et les insectes aquatiques.

Nidification

Ses parades nuptiales, ponctuées de nombreux cris évoquant des coup de trompettes, ne passent pas inaperçues. Les couples se livrent à une véritable danse nuptiale. Ils construisent un nid flottant où s'accumulent une multitude de végétaux pourrissants. La femelle y dépose 3 ou 4 œufs oblongs et blancs qui se teintent rapidement au contact des végétaux ; ils sont couvés par les deux adultes pendant 25 à 30 jours.

Confusions possibles

En hiver, le grèbe jougris, qui apparaît çà et là en France, peut prêter à confusion, mais le grèbe huppé s'en distingue par ses joues et sa poitrine bien blanches, par sa taille un peu plus forte.

Podiceps cristatus

GRIMPEREAU DES JARDINS

Famille des Certhiidés

Le grimpereau des jardins adopte toujours une posture typique : il se tient pratiquement toujours plaqué contre le tronc des arbres, en appui sur la queue et agrippé par ses ongles longs. Le dessus, brun, moucheté de grisâtre et de blanc roussâtre, tranche avec la gorge et le plastron blancs et le ventre grisâtre. La queue brun roussâtre porte des rectrices biseautées très rigides. Le bec est long et courbé.

Dans toute la France, commun et sédentaire. Très mimétique.

Silhouette caractéristique. Toujours « collé » aux arbres, bec courbé. Longueur : 12,5 cm.

Chant typique : *« tititititiroïti »*; cris fins et légers.

Nid dissimulé entre l'écorce et le tronc d'un arbre, ou les planches disjointes d'une cabane de jardin.

Niche parfois dans un nichoir.

Mœurs

D'un naturel peu farouche, il se laisse facilement observer pourvu que l'on ne fasse pas de mouvement brusque. Il explore avec méthode tous les troncs d'arbres, en commençant généralement par le bas. Il se nourrit surtout d'insectes, araignées et autres invertébrés de petite taille et accompagne parfois les rondes de mésanges en hiver. Mais bien que commun dans les parcs et les jardins, il passe facilement inaperçu.

Nidification

La femelle accumule des branchettes, le plus souvent entre l'écorce décollée d'un arbre et son tronc ou encore entre les branches disjointes d'une cabane de jardin. Elle garnit alors ce soubassement grossier de mousse et d'herbes sèches; crins et plumes complètent ce berceau douillet. Deux pontes annuelles de 3-4 œufs blancs, pointillés de rouge-brun foncé. Très susceptible pendant la nidification, il abandonne facilement son nid s'il est dérangé.

Espèce voisine

Compte tenu de sa silhouette et de la forme de son bec, on ne peut guère le confondre qu'avec le grimpereau des bois, plus rare et localisé dans l'est, mais très semblable.

Certhia brachydactyla

GRIVE DRAINE

Famille des Turdidés

On la repère facilement à sa silhouette arrogante, son chant sonore et sa forte taille. Mâle et femelle sont identiques. Son manteau est gris, lavé de brun. Sa poitrine et son ventre sont blanc jaunâtre, ponctués de nombreuses et larges taches noires arrondies. En vol, elle se distingue par le dessous blanc de ses ailes et par ses rectrices externes, blanchâtres au bout.

Visible toute l'année.

Silhouette du merle, mais beaucoup plus grosse. Longueur : 25,5 cm.

Chant typique : *« drèdrièdi...dièdidjerri...kvitkvitk viterreri »*, très sonore.

Nid semblable à celui du merle, construit entre 3 et 10 m, contre le tronc d'un arbre ou sur une branche latérale.

Mœurs

Habitante des grands parcs, des vergers et des bocages, elle ne s'installe en forêt que près des clairières et des lisières où elle se montre farouche, toujours sur ses gardes. Elle recherche souvent sa nourriture au sol, dans les prés et les allées. Elle consomme des insectes, des vers, des escargots et affectionne les fruits. À l'automne, elle fréquente assidûment les vergers et les peupliers où elle se gorge des baies du gui qu'elle contribue à disséminer.

Nidification

Les couples se forment au cœur de l'hiver et dès la mi-février, le mâle prend possession d'un territoire. Escortée par ce dernier, la femelle construit son nid en mars-avril. Elle y dépose 4 œufs bleu-vert parsemés de points brun-rouge qu'elle couve seule pendant 2 semaines. Les jeunes quittent le nid 2 semaines plus tard, pris en charge par le mâle. La femelle entame alors une deuxième ponte.

Confusions possibles

Les grives musicienne et mauvis sont plus petites. En vol, le dessous des ailes est jaune orangé chez la première, rougeâtre chez la seconde. La grive litorne a la même taille, mais un manteau brun, une tête et un dos gris violacé, une queue noire. En vol, seule sa poitrine est tachetée ; son ventre est entièrement blanc.

Turdus viscivorus

GRIVE MAUVIS

Famille des Turdidés

C'est la plus petite des grives que l'on peut voir en France. Elle présente un manteau, une queue et une tête brun-olive. La virgule qu'elle porte sur la joue et le sourcil, blanc jaunâtre, sont typiques de l'espèce. Le dessous, blanc, est rayé de brun foncé au niveau de la gorge et de la poitrine. En vol, on distingue parfaitement les flancs roux-brun. Les pattes sont brun jaunâtre et l'iris brun-noir.

Dans toute la France, fréquente jardins, parcs et vergers mais seulement de l'automne au printemps.

La plus petite des grives observables chez nous. Longueur : 21 cm.

Chant mélodieux et fin : *« tritri trutru »*.

Le nid est un assemblage de végétaux recouverts d'une couche de terre.

Mœurs

Sociable, c'est le plus souvent en troupes lâches qu'on l'observe, parfois en compagnie d'autres espèces de grives ou de merles noirs. Discrète, elle fréquente les buissons, à la recherche de baies et d'invertébrés. Les pommes abandonnées au sol lui sont d'un grand secours en période de disette et lui font perdre toute retenue. Elle crie souvent et se remet à chanter avant de regagner ses quartiers de nidification.

Nidification

Elle niche au nord de l'Europe, principalement en Scandinavie. Nid et œufs ressemblent à ceux du merle noir. Le nid est composé de brindilles, de tiges d'herbes, de lichens et de mousse recouverts d'une couche de terre, de fibres et d'herbes sèches.

Autres espèces

Les grives litorne et draine sont beaucoup plus grosses. La première a la tête et le croupion gris-bleu et lance des « tchak-tchak » *caractéristiques ; la seconde a le dessus gris-brun et une poitrine blanche marquée de larges taches marron. Voir aussi la grive musicienne, de taille similaire mais dépourvue de taches rousses sur les flancs et de sourcil clair.*

Turdus iliacus

GRIVE MUSICIENNE

Famille des Turdidés

Elle est à peine plus petite que le merle noir, dont elle a la silhouette. Le dessus et la queue sont brun-olive. Le dessous, blanc, est plus ou moins lavé de roussâtre au niveau de la poitrine et des flancs, et ponctué de petites taches brun-noir, sauf la gorge et le milieu du ventre. Son iris est brun-olive. Elle porte un bec brun-noir, dont la base inférieure est jaunâtre, et des pattes rose chair.

Commune toute l'année dans les parcs et les vergers, mais discrète. Toute la France.

Silhouette typique. Longueur : 23 cm.

Chant sonore : *« filip filip filip... tèrèrèt tèrèrèt tèrèrèt ».*

Nid de brindilles et de mousse, assemblés par maçonnerie, lisse à l'intérieur, à une hauteur comprise entre 1 et 4 m.

Mœurs

Elle aime rester à couvert, et si elle ne se signalait par son chant mélodieux, elle passerait facilement inaperçue. Les chasseurs l'ont rendue méfiante, comme toutes les autres grives. Au sol, elle explore les tapis de feuilles mortes ou les pelouses, à la recherche des vers de terre dont elle raffole. Les pierres plates lui servent d'enclume pour briser les coquilles d'escargots; enfin, les fruits sauvages, comme ceux des jardins, complètent son alimentation.

Nidification

La femelle confectionne un nid de brindilles et de mousse assez sophistiqué, de dimensions respectables, qu'elle consolide par une maçonnerie caractéristique, lisse à l'intérieur. Il est généralement bien dissimulé dans la pénombre, entre 1 et 4 m de haut, souvent contre le tronc d'un arbre ou dans le lierre. Deux pontes annuelles de 4-5 œufs d'un joli bleu tendre, piquetés de points noirs.

Confusions possibles

Les grives draine et litorne sont beaucoup plus grosses. On peut aussi la confondre avec la grive mauvis, plus difficilement avec la femelle du merle noir.

Turdus philomelos

GROSBEC CASSE-NOYAUX

Famille des Fringillidés

Trapu avec un cou épais et une grosse tête portant un énorme bec conique, le grosbec a un profil très particulier. Son manteau et sa tête sont brun chocolat, avec une bande gris rosé derrière le cou. La poitrine est d'un brun plus pâle, le ventre et les sous-caudales sont blancs. En vol, les ailes révèlent une large bande blanche. La queue courte, faiblement échancrée, est terminée par une bordure blanche. La femelle est un peu plus terne.

Visible toute l'année dans tout le pays, mais inégalement réparti.

Silhouette d'un gros bouvreuil, mais taille approchant celle d'un étourneau. Longueur : 17 cm.

Cri : « *tsicc* » bref, dur et perçant.

Nid de brindilles, souvent dans un taillis assez dense.

Mœurs

D'un naturel discret et méfiant, cet habitant des bois et des parcs est difficile à observer. On le repère souvent à ses cris durs et perçants. Il se nourrit d'amandes et peut broyer grâce à son bec le noyau d'une cerise ou d'une prunelle. Il affectionne les fruits des érables, des charmes et des frênes, ainsi que les baies d'églantier, de sorbier ou de houx qu'il consomme pour leurs graines.

Nidification

Le mâle prend possession du territoire début avril. Pour faire son nid, la femelle assemble les brindilles que lui apporte le mâle. Ce nid est souvent établi dans un taillis assez dense à moins de 3 m de haut, ou au contraire à grande hauteur dans les frondaisons d'un arbre. La femelle couve seule, pendant 2 semaines, ses 5 œufs gris-mauve, ponctués de brun-rouge et de filaments gris foncé. Les poussins quittent le nid 12 jours plus tard et suivent les adultes jusqu'à la fin de l'été.

Confusions possibles

Compte tenu de sa taille, on ne peut guère le confondre avec une autre espèce.

Coccothraustes coccothraustes

GRUE CENDRÉE

Famille des Gruidés

De loin, son plumage paraît uniformément gris sombre, tandis qu'à l'arrière du corps jaillit une touffe de plumes qui retombe en « queue de coq ». De plus près, on note une longue bande blanche qui part de la joue et se prolonge sur le cou ; ce dernier est noir sur le devant. Une plage de peau nue, rouge vif, orne le sommet de la tête chez les deux sexes, qui sont identiques. La grue vole le cou tendu.

Notée surtout en migration. Stationne en grand nombre près du lac du Der-Chantecoq (Marne) et dans les landes de Gascogne.

Le plus grand de nos échassiers. Longueur : 1,14 m.

Cris typiques en vol : « *krou-krurr* ».

Niche au sol, dans les forêts marécageuses.

Mœurs

Majestueuse en vol, elle conserve toute sa grâce au sol où sa démarche solennelle lui confère beaucoup d'allure. Très sociable, c'est en grandes bandes qu'elle effectue ses migrations qui l'amènent à traverser, deux fois par an, notre pays. Elle recherche sa nourriture dans les champs, souvent des graines de céréales et des légumineuses. À l'occasion, elle ne dédaigne pas le rongeur ou le coléoptère qui passe à sa portée.

Nidification

Elle niche essentiellement dans les forêts marécageuses du nord de l'Europe. Depuis 1985, un ou deux couples nichent en Normandie dans un lieu tenu secret. Fidèles à leur territoire, les couples très unis se retrouvent en mars-avril et construisent leur nid. Il s'agit d'une large plate-forme de roseaux, de feuilles et d'herbes. Mâle et femelle couvent à tour de rôle les 2 ou 3 œufs brun olive, largement tachés de brun.

Confusions possibles

Au sol, la confusion est pratiquement impossible. À grande distance, les oies en vol peuvent abuser l'observateur, mais le cou de la grue est plus long et plus fin, son vol moins tendu. Le héron cendré, qui présente un contraste similaire en gris et noir, vole le cou replié.

Grus grus

GUÊPIER D'EUROPE

Famille des Méropidés

Très coloré, il se reconnaît à son ventre vert ou bleu turquoise selon l'éclairage et à sa gorge jaune, soulignée par un collier noir. Son dos est marron, doré au niveau des scapulaires. Son œil est barré par un bandeau noir que prolonge un bec assez long et arqué. En vol, sa silhouette évoque celle d'une grosse hirondelle avec une queue effilée d'où émergent les deux rectrices centrales. Les deux sexes sont identiques.

D'avril à septembre dans le Midi, la vallée du Rhône et en Corse. De façon plus ponctuelle ailleurs.

De la taille d'un merle avec la silhouette d'une hirondelle, très colorée. Longueur : 28 cm.

Cris roulés et rauques : « *crrrruc crrrriuc* ».

Creuse un nid au flanc d'une paroi sablonneuse ou argileuse.

Mœurs

De retour en avril, ce migrateur au long cours anime le ciel des départements méditerranéens et de la vallée du Rhône. Il se nourrit d'insectes : libellules, papillons, coléoptères et surtout hyménoptères (abeilles, guêpes et bourdons), lesquels constituent l'essentiel de ses captures, d'où son nom. Insensible à leur venin, il assomme généralement ses proies sur son perchoir avant de les avaler.

Nidification

Il se reproduit en colonies dans le sud de la France et ici ou là sur le reste du territoire, où il s'installe à la faveur d'une carrière de sable ou de la berme d'une rivière. Il creuse un terrier à flanc de paroi au bout duquel une chambre un peu plus large accueille, à partir de la mi-mai, 5 à 7 œufs blancs, couvés par les deux sexes une vingtaine de jours. Les jeunes quittent le nid un mois plus tard.

Confusions possibles

Impossible à confondre avec une autre espèce compte tenu de sa silhouette et de son plumage très coloré.

Merops apiaster

GUIFETTE MOUSTAC

Famille des Sternidés

Sa silhouette est celle d'une sterne, avec une queue peu échancrée. Les sexes sont identiques. En plumage nuptial, les adultes arborent une calotte noire, un dos gris bleuâtre, un dessous blanc au menton, gris-bleu à la gorge et au cou, un ventre gris-noir. Le bec et les pattes sont rouge carmin. Plus tard dans la saison, la calotte se tache de blanc et le front comme le ventre deviennent blancs.

Notée de fin mars à octobre. Niche en Brière, Sologne, Brenne, Forez, Dombes et Camargue.

Silhouette d'une sterne avec une queue faiblement échancrée. Longueur : 25 cm, envergure : 62 à 68 cm.

Lance des cris rauques, « *krèrèrk* », aux abords des colonies.

Son nid est un frêle radeau posé sur la végétation flottante d'un étang.

Mœurs

De retour fin mars des côtes africaines où elle hiverne, cette espèce regagne les régions d'étangs et de marais où elle se reproduit en avril. Elle se nourrit essentiellement d'insectes qu'elle chasse au-dessus de l'eau, des champs et des prés, notamment là où il y a du bétail. Il lui arrive aussi d'attraper des vers de terre, des petits poissons et des grenouilles. En septembre, la plupart des oiseaux ont quitté notre pays.

Nidification

Elle s'installe en colonies plus ou moins importantes et bâtit son nid, un frêle radeau posé sur un tapis d'herbes aquatiques au milieu d'un étang et exposé à toutes les intempéries. La femelle y pond 3 œufs bleu-vert maculés de brun-noir, que les deux adultes couvent à tour de rôle pendant une vingtaine de jours. Les jeunes grandissent vite, s'éloignent du nid en nageant et sont capables de voler à l'âge de 20 jours.

Espèces voisines

En plumage nuptial, il est possible de la confondre avec la sterne pierregarin, mais celle-ci est plus grande avec le ventre tout blanc et une queue largement échancrée. La guifette noire est entièrement noire au début du printemps, mais son plumage se macule rapidement de blanc.

Chlidonias hybridus

HÉRON CENDRÉ

Famille des Ardéidés

Avec sa silhouette élancée, son manteau gris, son long cou mince, marqué de traits noirs, sa poitrine et son ventre blancs, il est bien reconnaissable, même de loin. Les deux sexes sont semblables et arborent un large sourcil noir en arrière de l'œil qui se prolonge en huppe sur la nuque. Les immatures sont plus ternes, sans huppe, et portent sur le dessus de la tête une calotte gris sombre.

Visible toute l'année en France dans les régions d'étangs, au fil des rivières et des fleuves et dans les marais côtiers.

Silhouette facile à identifier. Vole en repliant son cou dans les épaules. Hauteur : environ 90 cm, envergure : 1,75 m à 1,90 m.

Émet des cris rauques : « *krrèïck* », très sonores.

Niche dans les arbres en colonies bruyantes, les héronnières.

Mœurs

Son bec lui sert de javelot pour harponner les poissons dans les étangs et les marais. Il n'est pas rare non plus de le voir chasser les rongeurs dans les jachères. Ces séances alimentaires sont entrecoupées de longues périodes de repos au cours desquelles il replie son cou et l'une de ses pattes. À la moindre alerte, il se redresse prestement et prend son envol en poussant un cri rauque de mécontentement.

Nidification

Le mâle regagne la héronnière dès la fin janvier. Il y prend possession d'un vieux nid, qui sera désormais son territoire, et tente d'y attirer une femelle au cours d'un cérémonial complexe. Ce nid est une plate-forme plus ou moins lâche, construite dans un arbre à une hauteur très variable et rechargée d'une année sur l'autre. La femelle y pond 4 œufs bleu-vert pâle fin février, que les deux adultes couveront pendant près d'un mois.

Espèces voisines

Le bihoreau gris, plus petit, a les ailes grises, mais une silhouette beaucoup plus trapue. Le héron pourpré et la grande aigrette présentent un plumage bien différent. Voir aussi la grue cendrée.

Ardea cinerea

HÉRON GARDEBŒUFS

Famille des Ardéidés

C'est un petit héron tout blanc, à l'exception d'une crête érectile de plumes filiformes roux orangé sur la tête et la nuque, et d'une parure de longues plumes effilées, de même couleur, sur le dos et le haut de la poitrine. Les deux sexes sont identiques. En période de reproduction, leur bec varie du jaune orangé au rouge écarlate, selon leur degré d'excitation. Les jeunes sont entièrement blancs.

Naguère cantonné en Camargue où il est sédentaire, s'observe désormais beaucoup plus au nord et niche çà et là.

Silhouette typique des hérons, mais taille réduite. Longueur : 50 cm, envergure : 90 cm.

Plutôt silencieux, sauf dans ses héronnières où il lance des « *ko-ouv* » brefs et râpeux.

Nid de branchages, souvent dans un saule, au milieu d'une héronnière regroupant plusieurs espèces.

Mœurs

Comme son nom l'indique, on l'observe fréquemment sur les prairies où il accompagne les bovins, attrapant les insectes avec hardiesse, et notamment les sauterelles que les herbivores dérangent dans l'herbe. Il s'empare aussi volontiers des grenouilles, des lézards et des petits rongeurs, se perche sur le dos des bovins et les débarrasse de leurs tiques gorgées de sang.

Nidification

Il se regroupe en héronnières, parfois assez denses. C'est généralement la femelle qui construit le nid, dans un arbre. Le mâle l'approvisionne en matériaux. Chaque arrivée au nid donne lieu à des parades euphoriques et bruyantes. La femelle pond dans la deuxième quinzaine d'avril 3 ou 4 œufs bleu turquoise, que les deux adultes couvent pendant 3 semaines. Les jeunes sont capables de voler à l'âge d'un mois et demi.

Espèces voisines

Le crabier chevelu se distingue par son manteau, sa tête et sa poitrine jaune roussâtre. Les jeunes gardebœufs peuvent être confondus en vol avec l'aigrette garzette, qui est toutefois plus grande et plus fine.

Bubulcus ibis

HÉRON POURPRÉ

Famille des Ardéidés

Plus petit que le héron cendré, il se reconnaît à son manteau sombre, gris-bleu ardoisé, qui en vol offre peu de contraste avec ses rémiges noires. Sa poitrine brun-marron foncé est ornée d'un plastron de plumes effilées grises et noires. Son ventre est noir. Son cou fin et sinueux teinté de rouille est souligné par de longues raies noires. Mâle et femelle sont identiques.

De mars à octobre, dans les régions d'étangs et les marais côtiers.

Plus petit que le héron cendré, silhouette plus anguleuse et moins contrastée. Longueur : 79 cm, envergure : 1,25 à 1,50 m.

Lance un cri dur et râpeux, *« krrèck »*, lorsqu'il est contraint à l'envol.

Niche en colonies, dans une roselière dense ou un saule, au-dessus de l'eau.

Mœurs

Il fréquente les étangs, les marais et les lacs ainsi que les lagunes saumâtres. Ses lieux de pêche privilégiés sont les clairières au sein des grandes roselières, de préférence à l'abri des regards. C'est là qu'il harponne des poissons (gardons, rotengles, perches, ablettes...), des grenouilles et les tritons, mais il ne dédaigne pas les insectes, voire les jeunes oiseaux, et affectionne particulièrement les campagnols qu'il trouve sur les rebords des fossés.

Nidification

Il se cantonne sur ses sites de nidification dès son arrivée en mars-avril. Il recherche les vieilles roselières denses et s'installe généralement en colonies plus ou moins lâches. Les deux sexes participent à la construction du nid, une plate-forme assez large, où ils se relayent pour couver 4 à 6 œufs bleus pendant 26 jours. Les jeunes volent 2 mois après leur éclosion.

Confusions possibles

Posé, il rappelle le héron cendré par sa silhouette, mais il est plus petit, plus svelte. En vol, il paraît beaucoup plus souple, avec une silhouette plus anguleuse ; ses pattes dépassent largement à l'arrière du corps et ses ailes sombres n'offrent pas de véritable contraste avec le dos.

Ardea purpurea

HIBOU DES MARAIS

Famille des Strigidés

Selon les individus, le manteau varie du roux-fauve au jaune roussâtre pâle, largement rayé de brun-noir. Le dessous du corps va du roussâtre pâle au blanchâtre, plus clair sur le ventre et largement rayé au niveau de la poitrine. La tête est surmontée d'aigrettes très courtes, souvent invisibles. Les yeux cernés de noir, fichés dans des disques faciaux blanc jaunâtre, révèlent un iris jaune. Les deux sexes sont identiques.

Eratique. Régulier en Picardie, dans les Ardennes, le sud-est de l'Île-de-France, l'estuaire de la Loire.

Un peu plus grand que l'effraie. Longueur : 34 à 42 cm, envergure : 90 à 1,09 m.

Chant nuptial de 6 à 12 notes : « *bouboubouboubôubôubouhou* ».

Seul membre de la famille à construire un semblant de nid, mais au sol.

Mœurs

Il gîte plus volontiers à terre que dans les arbres et aime les espaces ouverts où alternent champs cultivés, prairies, marais et landes. Il n'est pas rare de le voir chasser en plein jour. Il se nourrit essentiellement de rongeurs, parfois de musaraignes et d'oiseaux. Le nomadisme est une caractéristique de l'espèce.

Nidification

Il se montre très instable dans ses sites de reproduction. Son installation dépend de la densité de proies disponibles. Le nid très sommaire est une vague litière, à même le sol. La femelle y dépose 4 à 7 œufs blancs qu'elle couve seule, pendant près d'un mois, ravitaillée par le mâle. À l'âge de 2 semaines, les jeunes se dispersent dans la végétation alentour.

Confusions possibles

En vol, on peut le confondre avec le hibou moyen-duc, mais ce dernier a des ailes plus larges et plus arrondies, un plumage plus orangé. Son ventre paraît aussi plus sombre.

Asio flammeus

HIBOU MOYEN-DUC

Famille des Strigidés

Son plumage roux orangé est mêlé de gris, de blanc et de brun sur le dos. Sa poitrine est jaune roussâtre marquée de brun-noir et son ventre est sensiblement plus clair. Lorsqu'il est posé, sa tête est surmontée de deux aigrettes bien visibles. Ses yeux, à l'iris orangé, sont entourés par des disques faciaux blanc roussâtre, cernés de noir. Les deux sexes sont identiques.

Dans tout le pays, mais en densité inégale. Plus ou moins sédentaire selon les régions.

Silhouette typique lorsqu'il est posé, avec ses aigrettes saillantes. Longueur : 36 cm, envergure : 85 cm à 1 m.

Le mâle lance de janvier à fin mars un « *houe* » doux et grave.

Occupe le nid désaffecté d'un corvidé, souvent dans un conifère.

Mœurs

Évitant les boisements trop compacts, il fréquente les régions semi-ouvertes ou alternent petits bois et champs entrecoupés de haies. Très discret et parfaitement mimétique, il passe très facilement inaperçu. Dans la journée, il se tient immobile contre un tronc d'arbre, son plumage serré contre le corps. Ce n'est qu'à la tombée de la nuit qu'il quitte sa retraite d'un vol souple et silencieux pour chasser.

Nidification

Le couple se cantonne au milieu de l'hiver. La femelle choisit un nid de corneille ou de pie désaffecté pour pondre, fin mars ou début avril, ses 4 ou 5 œufs blancs luisants. Elle les couve seule pendant près d'un mois, tandis que le mâle la ravitaille. Dès l'éclosion, il n'est alors pas rare d'observer ce dernier chassant en milieu d'après-midi. Les jeunes s'aventurent rapidement dans les branches et quittent le nid au bout d'une vingtaine de jours.

Confusions possibles

Le hibou des marais est plus jaunâtre qu'orangé. En vol, vu de dessous, ses ailes sont claires comme celles du moyen-duc, mais son ventre clair n'offre pas le même contraste. L'effraie en vol ne présente pas de marque noire aux poignets et son ventre est aussi très clair.

Asio otus

HIRONDELLE DE FENÊTRE

Famille des Hirundinidés

Le dos, la tête et la queue bleu-noir brillant avec des reflets métalliques, contrastent vivement avec la gorge, le ventre et le large croupion, blanc pur. La queue est échancrée, mais ne possède pas de longs brins effilés. Les jeunes ont le dos plus brun que bleu avec, généralement, une plage plus claire à la nuque et la gorge lavée de brunâtre. Le bec, court, est largement fendu. Elle possède des pattes minuscules.

Du printemps à l'automne, dans toute la France. Espèce commune.

Silhouette caractéristique, queue échancrée courte, croupion blanc. Longueur : 12,5 cm.

Le chant est un délicat gazouillis ; cri bref et rude.

Nid de terre maçonnée, typique, complètement fermé à part le trou d'envol. Réutilisé d'une année sur l'autre.

Mœurs

Elle arrive chez nous en avril. C'est une espèce grégaire, avec une vie sociale bien marquée. Elle chasse en groupe, parfois très haut dans le ciel, et se nourrit de petits insectes capturés en vol. Les colonies de reproduction s'installent souvent à grande hauteur, sur la façade des immeubles, au-dessus du vide, plus rarement à l'intérieur d'un local. Elles sont le siège d'une intense activité, y compris vocale.

Nidification

Le nid est une maçonnerie fine et soignée, mêlant des boulettes de boue séchée et quelques brins d'herbe, complètement fermé, à l'exclusion du trou d'envol. Il est généralement bien abrité, dans l'angle d'une fenêtre, sous le revers d'un toit ou la corniche d'un balcon. Certaines colonies regroupent plus d'une centaine de couples. L'intérieur, garni de plumes, abrite deux voire trois pontes annuelles de 4-5 œufs blanc immaculé.

Espèces voisines

Voir l'hirondelle rustique et le martinet noir.

Delichon urbica

HIRONDELLE DE RIVAGE

Famille des Hirundinidés

C'est la plus petite de nos hirondelles. On la reconnaît d'emblée à son manteau brun-gris, mais la gorge et le ventre blancs tranchent aussi singulièrement avec la bande sombre qui traverse sa poitrine et le dessous de ses ailes brun-noir. Sa queue légèrement échancrée est dépourvue de tache blanche. Ses pattes sont très courtes. Mâle et femelle sont identiques.

De mars à fin octobre. Commune au nord de la Loire, plus localisée au sud.

Silhouette typique d'hirondelle, avec une queue faiblement échancrée. Longueur : 13 cm, envergure : 26 cm.

Émet fréquemment un « *trrrî* » dur.

Niche en colonie dans des terriers qu'elle creuse au flanc d'une paroi sablonneuse ou argileuse.

Mœurs

C'est à partir de la fin mars, et le plus souvent en avril, qu'elle revient chez nous. Elle s'installe toujours à proximité de l'eau et forme de grandes colonies. Avec force pépiements, ses bandes poursuivent alors inlassablement, au ras de l'eau, les moustiques et autres moucherons. Elle se perche volontiers sur les branches des arbres, plus souvent sur les fils électriques ou téléphoniques.

Nidification

Très grégaire, elle installe ses colonies (comptant souvent plusieurs centaines de couples) à la faveur d'une paroi sablonneuse ou argileuse. Chacun participe avec ses griffes au creusement de galeries d'une cinquantaine de centimètres de long. Une chambre un peu plus large accueille le nid. Là sont accumulés des brins d'herbe, des radicelles, des plumes... La femelle y pond 4 à 6 œufs blanc pur en mai. Une seconde ponte a parfois lieu en juillet.

Espèces voisines

Elle seule possède une bande pectorale brune avec une gorge et un ventre blancs. Ce critère empêche toute confusion. Voir aussi l'hirondelle de rochers.

Riparia riparia

HIRONDELLE DE ROCHERS

Famille des Hirundinidés

Plus grande que l'hirondelle rustique, elle présente un dos brun-gris et une poitrine blanchâtre dépourvue de bande pectorale. La gorge est tachetée de brun, les flancs et le ventre sont roux grisâtre. Les ailes sont plus sombres que le dos et la queue. Celle-ci, très peu échancrée et sans filets, paraît presque carrée en vol.

Dans le sud-est de la France et les Pyrénées. Sédentaire en Corse et Côte d'Azur, quitte ses zones les plus nordiques en hiver.

Plus grande que l'hirondelle rustique. Longueur : 17 cm, envergure : environ 34 cm.

Cris un peu roulés : « *tchrrî* ».

Nid de terre et de graviers, dépourvu d'éléments végétaux.

Mœurs

Elle passe de longs moments à lisser son plumage et à se reposer, perchée sur une saillie de rocher, à l'ombre. Elle chasse en longeant les rochers et cueille au ras des parois les papillons imprudents qui se laissent surprendre. Sa quête évoque un peu celle d'une chauve-souris, avec de brusques crochets, des plongées et des ressources presque verticales. Elle moucheronne aussi volontiers au-dessus des cours d'eau.

Nidification

Comme son nom l'indique, elle niche à la faveur d'escarpements rocheux. Cela ne la confine pas pour autant aux seules régions de montagne et il lui arrive de construire son nid contre un édifice public. Il ressemble beaucoup à celui de l'hirondelle rustique, en plus profond. La femelle effectue généralement deux pontes de 4 ou 5 œufs blanc crème, maculés de brun-roux, d'ocre et de gris, en mai-juin et juillet.

Espèces voisines

Compte tenu de sa taille et de sa livrée, elle ne peut guère être confondue avec une autre espèce.

Hirundo rupestris

HIRONDELLE RUSTIQUE

Famille des Hirundinidés

Le dos et la tête sont uniformément bleu-noir, éclairés de reflets métalliques. La face et la gorge sont rousses, un large collier bleu soulignant cette dernière. La poitrine et le ventre apparaissent blancs, lavés de roussâtre. La queue, très échancrée, porte des filets latéraux caractéristiques, plus longs chez le mâle que chez la femelle, et absents chez les jeunes. Le bec noir, court, est largement fendu. Les pattes noires sont minuscules.

Du printemps au début de l'automne seulement. Toute la France. Espèce commune.

Silhouette caractéristique, queue longue, très échancrée. Longueur : 19 cm.

Le chant est un délicat gazouillis ; nombreux cris d'alarme lorsqu'on s'approche du nid.

Nid typique, en maçonnerie, ouvert sur le dessus. Réutilisé d'une année sur l'autre.

Mœurs

De retour d'Afrique entre la mi-mars et la mi-avril (selon les régions), elle passe le plus clair de son temps en vol, à la poursuite des petits insectes dont elle se nourrit. Ses chasses aériennes sont entrecoupées de plus ou moins longues périodes de repos, sur des fils électriques ou des antennes de télévision. Elle ne se pose que très rarement au sol, presque uniquement pour collecter de la boue.

Nidification

Le nid est une maçonnerie sophistiquée d'herbe, de paille et de boue séchée, scellée contre un mur ou une poutre, le plus souvent dans un local ouvert en permanence, et réunissant plusieurs couples. L'ouverture, à quelques centimètres du plafond, permet juste à l'oiseau de s'y glisser. Le nid est généralement réoccupé d'une année sur l'autre, après une rapide restauration. L'intérieur est garni d'une petite litière de foin et de nombreuses plumes. Deux à trois pontes annuelles de 4-5 œufs blancs, tachés de mauve et de marron.

Confusions possibles

On pourrait la confondre avec l'hirondelle de fenêtre et le martinet noir.

Hirundo rustica

HUPPE FASCIÉE

Famille des Upupidés

Ses ailes arrondies et sa queue bariolée de noir et de blanc lui donnent des allures de grand papillon lorsqu'elle vole. Le reste de son plumage est beige orangé, rayé de brun-noir sur les flancs. Sa tête est coiffée d'une huppe de plumes rousses à pointe noir et blanc, son bec est long et arqué. La femelle arbore une livrée un peu moins vive que celle du mâle.

De fin février à août. Assez commune dans le Sud-Ouest, nettement plus rare ailleurs.

En vol, sa silhouette typique évoque celle d'un gros papillon. Longueur : 25 cm, envergure : 45 cm environ.

Chant inoubliable : « *houpoupoup* ».

Niche dans une cavité, un tronc creux, un vieux mur, voire un grenier.

Mœurs

Au printemps, le mâle se signale par son chant caractéristique qui lui vaut le surnom de bouteboute. Tout en trottinant et en hochant la tête à chaque pas, la huppe cueille délicatement ses proies avec son bec, qui rappelle un peu celui du courlis. Carabes, grillons, chenilles, araignées, vers de terre et limaces sont ses proies favorites. Elle les tue en les frappant contre le sol, puis les jette en l'air et les gobe. Les parties dures sont rejetées sous forme de pelotes.

Nidification

Elle s'installe dans les contrées ouvertes et ensoleillées. Les régions de vignobles lui conviennent bien. C'est souvent dans un arbre creux, mais aussi dans la loge d'un vieux mur que la femelle pond, en mai, ses 5 à 7 œufs gris, plus ou moins nuancés de verdâtre ou de brunâtre. Elle les couve seule pendant une quinzaine de jours, ravitaillée par le mâle. Le nid devient très vite une sorte de cloaque où règne une odeur pestilentielle. Les jeunes le délaissent au bout d'un mois.

Confusions possibles

Il est impossible de la confondre avec une autre espèce.

Upupa epops

HYPOLAÏS POLYGLOTTE

Famille des Sylviidés

Elle ressemble à un pouillot, mais en plus gros et en plus grand, avec le front plat et l'aspect nettement plus jaune. Le dessus va du vert olive au brunâtre. Un petit sourcil jaune traverse l'œil. La couleur du dessous varie du jaune pâle au jaune crème. L'extrémité de la queue est presque carrée. Le bec orangé, légèrement aplati, est relativement long et robuste pour une fauvette. Selon les individus, les pattes sont grises ou brun pâle.

Toute la France, sauf nord et est. Migratrice, présente d'avril à septembre. Parcs et jardins avec des buissons.

Comme un pouillot, mais plus grande et plus jaune. Longueur : 13 cm.

Chant volubile du haut d'un perchoir, avec de nombreuses imitations.

Coupe profonde d'herbes et de duvets végétaux, garnie de crin, dans les buissons feuillus.

Mœurs

Cette espèce migratrice, présente chez nous d'avril à septembre, se nourrit d'insectes qu'elle chasse dans les feuillages, parfois à grande hauteur. Bien en évidence au sommet d'un buisson, elle émet un chant exubérant avec de nombreuses imitations d'autres oiseaux, comme le souligne son nom. Le reste du temps, elle vit dissimulée dans les buissons et les haies épaisses et se montre assez irascible à l'égard des autres fauvettes.

Nidification

La femelle construit seule le nid. C'est une coupe profonde (7-8 cm) et très soignée, à base d'herbes et de duvets végétaux, bien arrimée à son support, tapissée de crins à l'intérieur. Dissimulé dans un buisson feuillu, souvent épineux, entre 0,70 m et 2 m, il abrite une ponte annuelle de 4-5 œufs rosés, maculés de points et de filaments noirs et bruns.

Confusions possibles

Difficile à différencier de l'hypolaïs ictérine (Hippolais icterina) *qui la remplace dans le nord et l'est du pays. Voir également les pouillots et les fauvettes.*

Hippolais polyglotta

LINOTTE MÉLODIEUSE

Famille des Fringillidés

Elle possède la taille d'un moineau, un dos brun-roux, plus ou moins strié de brun-noir. Le mâle, en plumage nuptial, a la tête grise, le front et la poitrine devenant alors rouge vif. Le ventre, blanchâtre, se distingue des flancs, rayés de brun-roux. La femelle et les jeunes sont beaucoup plus ternes, avec une absence totale de rouge sur le plumage (tout comme le mâle en hiver). Le bec conique est sombre, les pattes, brunâtres.

Toute la France. Présente toute l'année. Dans les champs l'hiver, les parcs et les jardins l'été.

Mâle avec front et poitrine rouges en été. Longueur : 13,5 cm.

Chant agréable, vif et varié, avec de belles roulades et notes flûtées, mais de faible portée.

Coupe soignée de radicelles, herbe mêlées de duvets végétaux et parfois de mousse.

Mœurs

On peut l'observer toute l'année chez nous. Granivore, elle s'alimente au sol, souvent en petits groupes, parfois en compagnie d'autres espèces, notamment l'hiver. Comme le suggère son nom, son chant est agréable, vif et varié, avec de belles roulades et notes flûtées, mais de faible portée. Elle lance également régulièrement des cris métalliques en vol. Paradoxalement, elle se montre moins farouche durant la nidification qu'en hiver.

Nidification

La femelle construit seule le nid, escortée par le mâle. C'est une petite coupe légère, mais solide et soignée, faite de radicelles et d'herbe mêlées à des duvets végétaux et parfois à de la mousse. L'intérieur est garni de matériaux plus fins. Installé entre 0,50 et 1,50 m, il est souvent très exposé à la vue des prédateurs. Ceci expliquerait le vocable « tête de linotte ». Deux pontes par an, de 5-6 œufs blanc bleuâtre, maculés de brun.

Confusions possibles

En montage l'été et dans le nord-ouest du pays l'hiver, on peut la confondre avec le sizerin flammé, mais celui-ci est beaucoup plus menu. Voir aussi les femelles des bruants, qui sont toutefois plus jaunes avec une queue plus longue.

Carduelis cannabina

LORIOT D'EUROPE

Famille des Oriolidés

Le mâle porte bien son surnom de merle d'or, d'abord en raison de sa silhouette, ensuite à cause de sa livrée jaune d'or qui contraste singulièrement avec ses ailes noires. La femelle est plus mimétique. Son manteau est vert olive avec le bas du dos jaunâtre et les ailes brunes. Le dessous est gris pâle strié de noir, sauf sur le ventre. Ses flancs sont teintés de jaunâtre.

De fin avril à fin juillet. Pratiquement partout sauf en Bretagne.

Sa silhouette rappelle celle d'une grive. Longueur : 22 cm.

Chant du mâle : « *dididelio* » ; en cas d'inquiétude, les deux sexes émettent un « *ouin ouin* » nasillard.

Le nid est un hamac d'herbes entrelacées à la fourche d'un arbre, souvent à grande hauteur.

Mœurs

L'arrivée printanière du mâle coïncide avec l'apparition des feuilles. Il se signale d'emblée par son chant, mais il faut beaucoup de patience et de chance pour arriver à l'apercevoir. Abandonnant rarement les frondaisons, il cueille les chenilles sur les feuilles, recherche papillons, araignées et hannetons. Il s'aventure dans les vergers et apprécie tout particulièrement les cerises.

Nidification

C'est souvent dans un grand arbre, jamais très loin de l'eau, que la femelle, arrivée un peu plus tard, s'acquitte seule de la construction du nid. Il s'agit d'une sorte de hamac de longues herbes entrelacées dans la fourche d'une branche, garni de fibres végétales, de toiles d'araignée, de brins de laine... Elle y pond 4 œufs blancs ponctués de quelques taches brun violacé et les couve une bonne quinzaine de jours. Deux semaines plus tard, les jeunes quittent le nid.

Confusions possibles

Il est pratiquement impossible de le confondre avec une autre espèce.

Oriolus oriolus

MARTINET NOIR

Famille des Apodidés

La silhouette de cet oiseau de grande taille est caractéristique lorsqu'il vole. Ses grandes ailes étroites, rigides, ressemblent à des faux. Par contre, la queue, échancrée, est courte. De loin, son plumage paraît entièrement noir; de plus près, il est brun-noir, rehaussé de reflets verts sur le dos. Seule la gorge offre un ton blanchâtre. L'iris est brun. Le bec, petit mais largement fendu, et les pattes, minuscules, sont noirs.

Toute la France, d'avril à octobre. Commun, surtout en vol.

Plus grand qu'une hirondelle, avec de grandes ailes en faux. Longueur : 16,5 cm.

Cris métalliques fréquents et caractéristiques, émis en vol.

Accumulation de paille et de foin collectés en vol, dans un recoin sombre (toit, fissure de mur...).

S'installe volontiers dans un nichoir, à grande hauteur sur une façade d'immeuble.

Mœurs

Chez nous d'avril à septembre, il passe le plus clair de son temps dans le ciel, à grande hauteur. Il peut voler jusqu'à 200 km/h sur de courtes distances! Exclusivement insectivore, il capture ses proies en plein vol. Toujours en groupe, il émet de nombreux cris stridents caractéristiques de l'espèce.

Nidification

Il s'installe dans la fente d'un mur ou sous un toit, parfois dans un nichoir ou un vieux nid d'hirondelle, pratiquement toujours à grande hauteur et toujours dans un recoin sombre. Le nid est une accumulation de fétus de paille et de foin à laquelle viennent s'ajouter différents matériaux (feuilles, graines...), le tout collecté en vol. Il restaure bien souvent le nid de l'année précédente. L'intérieur est garni de plumes, collées par la salive de l'oiseau. La ponte annuelle comporte 2-3 œufs elliptiques blanc mat. Il forme généralement des colonies de reproduction.

Confusions possibles

Dans le Midi, on peut le confondre avec le martinet à ventre blanc, beaucoup plus grand, qui présente, comme son nom l'indique, un ventre blanc. Voir aussi les hirondelles.

Apus apus

MARTIN-PÊCHEUR D'EUROPE

Famille des Alcédinidés

Son manteau vert-bleu brillant lui donne un aspect métallisé. Le dessus de la tête et les ailes sont un peu plus sombres et plus mats. La joue s'orne d'une large plage roux orangé, prolongée par une tache blanche au niveau du cou. Le menton est également blanc, tandis que la poitrine et le ventre sont roux orangé et les pattes rouge corail. Le bec est noir chez le mâle, rouge chez la femelle.

Dans toute la France. S'observe toute l'année, sauf si le gel le contraint à l'exode.

Silhouette caractéristique. Longueur : 16 cm.

Cri : « *tiht titiht* » perçant et prolongé.

Creuse un terrier dans une berge abrupte, toujours au bord de l'eau.

Mœurs

D'un naturel craintif, il se laisse rarement approcher et son observation se résume souvent à celle d'un éclair azuré. C'est au fil des rivières, sur les étangs et les lacs qu'il faut le rechercher. Il passe de longues heures sur une branche basse à scruter l'eau, plongeant avec une rapidité surprenante lorsqu'il a repéré un petit poisson. Il réapparaît après quelques secondes, retrouve son perchoir, assomme sa prise, la tourne dans le sens du bec et l'avale. Il capture des poissons, mais aussi des grenouilles et des insectes (dytiques, libellules).

Nidification

Mâle et femelle creusent ensemble leur nid avec leur bec et leurs pattes dans une berge escarpée, parfois dans une sablière. Le tunnel d'une quinzaine de centimètres débouche sur une petite chambre. C'est là que la femelle pond ses 6 ou 7 œufs blancs luisants. Les deux adultes couvent à tour de rôle pendant une vingtaine de jours. Les jeunes quittent le nid un peu moins d'un mois après leur éclosion et sont rapidement expulsés du territoire par le mâle.

Confusions possibles

Espèce impossible à confondre avec une autre, tant sa silhouette et sa livrée sont typiques.

Alcedo atthis

MERLE NOIR

Famille des Turdidés

Le mâle se reconnaît aisément à son plumage noir uniforme, brillant, et à son bec jaune orangé (comme le tour de l'œil). La femelle a le dessus brun foncé uniforme, la gorge grisâtre, rayée de brun, la poitrine et le ventre brun roussâtre nuancé de plages plus ou moins sombres, le bec brun foncé et jaune. Les jeunes ressemblent à la femelle, avec le dessous maculé de taches roussâtres.

Toute la France, toute l'année, commun et abondant dans les parcs et les jardins.

Assez gros, silhouette caractéristique. Longueur : 25 cm.

Cris caractéristiques, chant mélodieux, monotone et sonore.

Coupe de belle taille avec des racines, des herbes, de la mousse, maçonnée à la base.

Mœurs

Il est présent toute l'année. Volontiers effronté, il conserve néanmoins ses distances. Très souvent au sol, il se déplace par petits bonds et explore avec méthode tous les emplacements susceptibles de dissimuler des vers de terre, base de son alimentation, auxquels il ajoute des fruits en saison. Il égrène un long chant monotone et sonore, depuis un perchoir, surtout en fin de journée. Lorsqu'il est dérangé, il émet des cris de panique caractéristiques.

Nidification

Le nid, de belle taille, est installé à la fourche d'une branche ou dans un buisson, parfois dans une treille ou sur une poutre. Plus ou moins bien caché, on le trouve généralement entre 1 et 3 m. La base de cette construction, faite de racines, de brindilles, d'herbes sèches et de mousse, est consolidée avec de la boue. L'intérieur est garni de matériaux plus fins. Deux ou trois pontes annuelles, de 4-6 œufs bleu-vert clair, maculés de larges taches marron.

Confusions possibles

On peut le confondre avec le merle à plastron en migration, qui possède un croissant blanchâtre sur la poitrine. Voir aussi les grives.

Turdus merula

MÉSANGE BLEUE

Famille des Paridés

La mésange bleue est facile à reconnaître avec sa calotte bleu clair, ses joues blanches marquées d'un sourcil noir se prolongeant autour de la nuque, son menton et haut de gorge noirs. Le dessous, jaune, porte une zone plus sombre, bordée de blanc sur le ventre. Le dos, vert olive, est plus ou moins nuancé de bleu et de jaune. Les jeunes arborent un plumage plus terne, avec les côtés de la tête jaune pâle et une calotte gris-vert.

Très commune et abondante partout en France, toute l'année.

Le seul oiseau jaune et bleu de cette taille. Longueur : 11,5 cm.

Cris de liaison ; chant typique, dès la fin de l'hiver : *« tsi-u-tsi-u-tsi... ».*

Nid douillet, mousse, crin, laine, plumes... dans une cavité.

Adopte très volontiers un nichoir et fréquente assidûment les mangeoires en hiver.

Mœurs

Vive et nerveuse, elle s'associe aux autres mésanges pour explorer la cime des arbres, principalement les feuillus. Elle se nourrit en grande partie d'insectes, mais complète son régime avec des graines et des fruits. En hiver, elle fréquente avec assiduité les mangeoires. Elle émet de nombreux cris de ralliement et un chant typique : « tsi-u-tsi-u-tsi-u-tsi... ». *Elle se montre irascible envers ses congénères pendant la nidification.*

Nidification

Nichoirs et boîtes aux lettres lui conviennent parfaitement. Elle choisit aussi un arbre creux ou la fissure d'un mur pour établir son nid, souvent situé entre 0,50 et 4 m du sol. L'accumulation de matériaux divers, bien agencés, forment une coupe douillette. Deux pontes annuelles de 10-13 œufs blancs, avec des petites taches marron. Elle reprend souvent le même nid.

Confusions possibles

Voir la mésange charbonnière. Les mésanges nonnette et boréale sont trapues, avec le dos chamois, le dessus de la tête noir, les joues blanches et le ventre blanc cassé. La mésange huppée leur ressemble, avec une huppe bien visible sur la tête.

Parus caeruleus

MÉSANGE CHARBONNIÈRE

Famille des Paridés

***C**'est la plus grosse de nos mésanges. Ses joues bien blanches contrastent vivement avec le reste de la tête, noire. Le dos, vert olive, est jaunâtre à la nuque et gris au croupion. Une cravate noire (plus large chez le mâle), caractéristique, sépare le dessous, jaune soufre. Le bec, noir, est tronqué. Les jeunes sont identiques, mais portent un plumage plus terne et sans délimitation bien nette des couleurs.*

Très commune et abondante partout en France. Toute l'année.

La plus grosse des mésanges. Longueur : 14 cm.

Cris nombreux. Chant typique : *« ti-tititi, tititi, titi... »*, très saccadé et sonore.

Cavernicole. Nid douillet avec radicelles, crin, mousse et plumes.

S'installe fréquemment dans les nichoirs. Fréquente assidûment les mangeoires.

Mœurs

Très familière, effrontée même, elle ne passe pas inaperçue. Elle s'associe volontiers aux autres mésanges et parfois à d'autres espèces (sittelle, grimpereau...), en hiver, pour glaner sa nourriture. C'est l'un des convives les plus communs aux mangeoires. En été, elle consomme une quantité impressionnante de chenilles. Son répertoire est riche de très nombreux cris. Le mâle chante dès janvier : « ti-tititi, tititi, titi... »*, pour marquer son territoire. Elle s'isole pour nicher et ne tolère aucun congénère dans les parages.*

Nidification

Elle niche dans un trou d'arbre ou de mur et dans les cavités les plus insolites, mais s'accommode très volontiers d'un nichoir ou d'une boîte aux lettres. Le nid douillet, fait de radicelles, mousse, brins de laine, poils... abrite deux, parfois trois pontes annuelles de 7-10 œufs blancs, tachés de marron.

Confusions possibles

La mésange bleue est plus petite et n'a pas de cravate noire sur la poitrine. La mésange noire, forestière, n'a pas le ventre jaune et possède une large tache blanche sur la nuque.

Parus major

MÉSANGE HUPPÉE

Famille des Paridés

On la repère d'emblée à sa petite huppe de plumes noires, bordées de blanc, un peu plus courte chez la femelle. Son manteau est gris-brun, teinté de roux au niveau du croupion. Ses dessous blanchâtres sont lavés de roussâtre sur les flancs. Ses joues sont blanches avec une raie noire, droite, passant sur l'œil, puis descendant en demi-cercle sur les côtés. Menton et gorge sont noirs.

Notée toute l'année. Absente dans certains secteurs : marais et bocages du Poitou et moyen bassin de la Garonne, notamment.

De la taille d'une mésange bleue. Longueur : 11,5 cm.

Cris fins et aigus, *« tsi tsi »*, accompagnés parfois de roulades vigoureuses, *« tsi tsi gurrrrrrr »*.

Niche dans une cavité qu'elle aménage.

Adopte volontiers un nichoir. Fréquente les mangeoires en hiver.

Mœurs

Elle affectionne tout particulièrement les forêts de conifères, mais il n'est pas rare de l'observer dans les feuillus. En hiver, elle s'approche des maisons et fréquente volontiers les mangeoires. Elle apprécie les graines et constitue souvent des réserves qu'elle dissimule sous la mousse. À la belle saison, elle change de régime alimentaire et recherche exclusivement des insectes qu'elle décroche au revers des feuillages.

Nidification

La femelle choisit la cavité naturelle d'un arbre, un trou de pic ou une souche pourrie pour nicher, creuse elle-même sa loge ou adopte un nichoir. Elle y accumule de la mousse, mêlée de bois et d'écorce, puis assure les finitions avec des éléments plus fins (crins, laine...) avant de pondre ses 5 à 7 œufs blanchâtres, tachés de brun-rouge, qu'elle couve seule pendant une quinzaine de jours.

Espèces voisines

La mésange nonnette et la mésange boréale ont également un manteau gris, mais ne portent pas de huppe sur la tête.

Parus cristatus

MÉSANGE À LONGUE QUEUE

Famille des Aegithalidés

C'est une petite boule de plumes, prolongée par une longue queue. Le dos, noir, contraste avec les épaules, rose roussâtre. La tête blanche est ornée, de chaque côté, d'un bandeau brun-noir passant au-dessus de l'œil et rejoignant la nuque. Le dessous est blanc ; les flancs rose vineux. Une bordure blanche souligne sa longue queue étagée, noire. Les jeunes ont les côtés de la tête, la nuque et le dos brun-noir.

Toute la France, toute l'année, commune dans les parcs et jardins.

Facile à identifier : c'est une petite boule de plumes avec une longue queue. Longueur : 14 cm.

Cris de liaisons permanents, mais chant insignifiant.

Nid caractéristique, comme un gros œuf en lichens.

Fréquente occasionnellement les mangeoires, en cas d'hiver rigoureux.

Mœurs

Infatigable acrobate, elle se déplace en bandes nombreuses, explorant une à une les feuilles des arbres, à la recherche d'insectes et d'araignées. Insectivore quasi exclusive, elle apprécie toutefois les graines et le lard si l'hiver est rigoureux. Les petits cris de liaison, qu'elle émet en permanence, facilitent sa localisation. Le chant est en revanche assez insignifiant. Peu farouche, elle vit souvent en compagnie d'autres espèces, et ne s'isole en couple que pour nicher.

Nidification

Le nid est une pure merveille : un assemblage soigné de lichens, ressemblant à un gros œuf allongé, avec une petite entrée latérale. Placé entre 2 et 6 m de haut, parfois plus, dans un buisson ou du lierre, il est très mimétique, mais facile à reconnaître. L'intérieur, douillet, est garni de plumes. Deux pontes annuelles d'une dizaine d'œufs blancs, tachés de marron.

Confusions possibles

On ne peut guère la confondre avec d'autres mésanges en raison de son plumage blanc, rose et noir et de sa longue queue tout à fait caractéristique.

Aegithalos caudatus

MÉSANGE NOIRE

Famille des Paridés

En raison de sa tête noire et de ses joues blanches qui rappellent sa cousine, on la surnomme « petite charbonnière ». Mais sa poitrine blanchâtre, dépourvue de raie médiane noire, son dos gris ardoisé et la tache triangulaire blanche qui marque sa nuque permettent de la différencier sans difficulté. Elle est aussi nettement moins grande. Mâle et femelle sont identiques.

Notée toute l'année, mais assez inégalement répartie sur le territoire.

Silhouette typique évoquant une mésange charbonnière miniature. Longueur : 11 cm.

Chant sur 2 ou 3 syllabes, variant d'une strophe à l'autre : *« psithiû-psithiû-psithiû... tsiu-idi tsiu-idi ».*

Niche dans une cavité qu'elle garnit de mousse et d'une litière plus fine.

S'accommode volontiers d'un nichoir et fréquente assidûment les mangeoires en hiver.

Mœurs

Très sociable, elle se rencontre en groupe la majeure partie de l'année. Elle est étroitement liée aux conifères dont elle consomme les graines, notamment en hiver, mais quitte volontiers le milieu forestier pour s'aventurer dans les parcs. Elle fréquente avec assiduité les mangeoires puis, au printemps, complète son régime alimentaire par des insectes et des araignées.

Nidification

Toutes les cavités lui sont bonnes pour faire son nid, depuis les anciens nids de pics au trou de mulot qui débouche entre les racines d'un arbre. Elle s'accommode aussi bien d'un nichoir. La mousse constitue la base du nid, puis la coupe est garnie de matériaux plus fins. À la mi-avril ou en mai, la femelle couve, pendant une quinzaine de jours, une première ponte de 8 à 10 œufs blancs, tachés de brun-rouge. Une seconde ponte a lieu en juin.

Espèces voisines

On se gardera de la confondre avec les autres mésanges grises, notamment la nonnette et la mésange boréale, lesquelles ne possèdent qu'une simple calotte noire sur la tête.

Parus ater

MÉSANGE NONNETTE

Famille des Paridés

Cette mésange de petite taille se reconnaît principalement à son manteau gris brunâtre à olivâtre et à ses dessous blanc grisâtre, lavés de roussâtre pâle sur les flancs. Sa tête est coiffée d'une calotte noire, légèrement lustrée, qui s'arrête au niveau de l'œil. Ses joues blanchâtres passent progressivement au grisâtre vers l'arrière. Son menton s'orne d'une petite tache noire bien délimitée.

Notée toute l'année. Absente des landes et des départements méditerranéens.

Mésange grise de petite taille. Longueur : 13 cm.

Chant rapide : « *tyiptyiptyiptyip... tsiètsiètsiètsiè* ».

Niche dans une cavité étroite.

Fréquente assidûment les mangeoires et occupe occasionnellement les nichoirs.

Mœurs

Toujours en mouvement, vive et nerveuse, elle explore les feuillages et les écorces des arbres dans leurs moindres recoins pour trouver araignées ou chenilles. En hiver, elle recherche les graines sur le sol ou en décortiquant les plantes. Elle fréquente volontiers les mangeoires, pourvu qu'elles soient placées dans un endroit tranquille.

Nidification

La nonnette se montre plus casanière que la plupart des autres mésanges. En mars, la femelle recherche une cavité étroite qu'elle agrandit souvent de quelques coups de bec pour nicher. Elle la garnit ou non de mousse et d'une litière plus fine, si le trou le permet. Elle occupe parfois un nichoir, à condition que l'entrée soit étroite, et pond 7 à 9 œufs blancs, ponctués de rouge-brun, entre avril et fin juin.

Espèces voisines

Peu différente de la mésange boréale. Le chant de cette dernière, que l'on peut traduire par « tsiuh-tsiuh-tsiuh-tsiuh », rappelle un peu celui du pouillot siffleur. Le blanc de ses joues se prolonge assez loin sur le cou, sa mentonnière noire est un peu plus grande. Enfin, ses ailes présentent une zone un peu plus pâle.

Parus palustris

MILAN NOIR

Famille des Accipitridés

En vol, il paraît tout noir avec de longues ailes étroites et coudées, une longue queue à peine échancrée. Lorsqu'on peut mieux détailler son plumage, on remarque sa tête gris-brun, striée de brun-noir, ses dessous plus roux que le manteau, notamment au niveau du ventre et des culottes. La poitrine est un peu plus grise. Les deux sexes sont identiques.

De mars à mi-août. Dans tout le pays à l'exception du quart nord-ouest.

Silhouette caractéristique. Longueur : 50 cm, envergure : 1,15 m.

Ses cris évoquent un peu le hennissement d'un cheval, en beaucoup plus aigu : « *hîe-huhuhuhuhu* ».

Nid assez volumineux, dans un arbre, souvent à grande hauteur.

Mœurs

C'est un excellent voilier qui passe des heures dans le ciel à décrire de grands cercles explorant ainsi son territoire. Très sociable, il forme souvent des regroupements d'une dizaine d'oiseaux. Son penchant pour les détritus et les animaux morts est bien connu. C'est ainsi qu'il fréquente volontiers les décharges, ramasse les cadavres de hérissons sur les routes et explore les cours d'eau pollués à la recherche de poissons morts.

Nidification

Il niche dans des arbres assez élevés, à la lisière d'un bois, souvent à proximité d'un cours d'eau ou d'un étang, et se regroupe localement en des sortes de colonies assez lâches. Son aire est un assemblage assez volumineux de branchages, que les milans occupent d'une année sur l'autre. La femelle pond, en avril, 2 ou 3 œufs blanc mat, plus ou moins parcourus de traînées et de taches brunes.

Confusions possibles

Le milan royal est plus roux et présente une queue beaucoup plus fourchue. La confusion est également possible avec le busard des roseaux, mais celui-ci a une queue arrondie et des ailes plus larges.

Milvus migrans

MILAN ROYAL

Famille des Accipitridés

Sa silhouette svelte et sa queue claire, très échancrée, permettent de l'identifier rapidement. Vu de dessous, il apparaît brun-rouge avec une grande plage blanche sur les ailes, contrastant avec l'extrémité noire des rémiges primaires. Son manteau roux, ponctué de brun, tranche nettement sur ses rémiges sombres et sa queue rousse. Tête, poitrine et nuque sont blanchâtres, finement rayées de brun-noir. Mâle et femelle sont identiques.

Nicheur localisé à l'est du pays jusqu'au Massif central et aux Pyrénées. Noté un peu partout en hiver.

Silhouette typique : longues ailes étroites et queue très échancrée. Longueur : 63 cm, envergure : 1,50 m environ.

Émet des sifflements tremblés : *« huîe-hihi... glih-ririri... pihuh huihuihuihuihue »*, caractéristiques.

Construit une aire à la fourche d'un arbre, souvent à grande hauteur.

Mœurs

La souplesse de son vol et son plumage confèrent à ce remarquable voilier une grande élégance. Il apprécie les plaines où alternent les bois et les champs, parcourues par des rivières ou semées d'étangs. Comme le milan noir, c'est avant tout un charognard, mais il lui arrive de chasser, le plus souvent des animaux malades et des insectes.

Nidification

Les couples se cantonnent en mars ou avril et installent leur aire dans un bois clair, souvent à grande hauteur. Cette dernière est garnie de matériaux étranges (papiers gras, vieux chiffons...) que le mâle ramène comme autant de trésors. La femelle pond 2 ou 3 œufs blancs tachés de brun-rouge. Le mâle la relaye de temps à autre pendant l'incubation, qui dure environ un mois. Les jeunes quittent l'aire au bout de 6 à 7 semaines.

Confusions possibles

On peut le confondre avec le milan noir, mais celui-ci est nettement plus sombre, sa queue est à peine échancrée et il ne porte pas de grande plage blanche sous l'aile.

Milvus milvus

MOINEAU DOMESTIQUE

Famille des Passéridés

Le mâle présente un dos brun-marron, le dessus de la tête et le croupion étant gris. Un bandeau brun-rouge (comme la nuque) surmonte la raie noire du dessus de l'œil. Les joues sont gris blanchâtre. Une bavette noire, allant du menton à la poitrine, contraste avec le dessous, blanchâtre, nuancé de roussâtre au niveau des flancs. La femelle et les jeunes ont un plumage beaucoup plus neutre — manteau et tête brun olivâtre, sans roux — et un sourcil clair.

Commun et abondant dans toute la France en toutes saisons.

Silhouette caractéristique, robuste et trapu. Longueur : 14,5 cm.

Cris typiques : « *chiap* » ou « *chip* ».

Nid brouillon d'herbes et de paille, garni de plumes de poules.

S'installe fréquemment dans des nichoirs. Fréquente les mangeoires.

Mœurs

C'est le plus commun, et de loin le plus abondant, des passereaux que l'on rencontre près des maisons et dans les jardins. Le plus souvent au sol et en bande, confiant mais toujours vigilant, il sait garder ses distances. Robuste et trapu, il sautille en permanence, à la recherche de graines ou de miettes de pain. Il crie souvent pour maintenir le contact avec ses congénères.

Nidification

Il niche volontiers en colonie. Le nid, composé de brindilles et d'herbes sèches, désordonné et assez lâche, plus ou moins fermé, est établi dans une cavité de mur, sous un toit, parfois dans le trou d'un arbre, un vieux nid d'hirondelle de fenêtre ou un nichoir (plus rarement à l'air libre ou suspendu dans un arbre). L'intérieur, garni de plumes, abrite trois ou quatre pontes annuelles, de 5-6 œufs de couleur très variable (blanc, bleuâtre, verdâtre...), constellés de nombreuses taches grises ou brunes.

Confusion possible

Le mâle peut être confondu avec le moineau friquet, dont le dessus de la tête est entièrement brun roux, les joues blanches avec virgule noire caractéristique. Les sexes sont identiques.

Passer domesticus

MOINEAU FRIQUET

Famille des Passeridés

Un peu plus petit que le moineau domestique, il a le dessus de la tête et la nuque brun chocolat. Une virgule noire balafre sa joue bien blanche. Son manteau est brun jaunâtre, rayé de noir sur les épaules et les scapulaires, uni et plus gris sur le bas du dos. Une bavette noire enveloppe le menton et se prolonge sur le haut de la poitrine blanc grisâtre. Mâle et femelle sont identiques.

Noté toute l'année dans tout le pays. Plus rare dans la pointe de la Bretagne et en Normandie.

Même silhouette que le moineau domestique, mais un peu plus petit. Longueur : 14 cm.

Cris : « *tchouit-tchip* » plus mélodieux que ceux du moineau domestique.

Niche dans une cavité, un arbre creux ou un vieux mur.

Apprécie les nichoirs.

Mœurs

C'est un rural que l'on rencontre près des fermes et à la campagne, mais qui ne s'aventure pas en ville. On l'observe dans les jardins, les vergers et les haies. À l'automne et en hiver, il rejoint les bandes de verdiers, de pinsons et de bruants pour explorer les champs à la recherche de graines. Au printemps, les insectes occupent une place assez importante dans son régime alimentaire.

Nidification

Il se regroupe en petites colonies pour nicher. Chaque couple s'installe dans l'anfractuosité d'un vieil arbre ou occupe la cavité d'un vieux mur pour y accumuler des brins d'herbe et des radicelles. L'espèce apprécie beaucoup les nichoirs. La femelle effectue deux pontes de 5 ou 6 œufs blancs ponctués de brun et de gris, d'abord fin avril-mai, puis en juin. Les deux adultes se relayent pour couver pendant 2 semaines.

Confusions possibles

Le moineau domestique mâle diffère par sa calotte grise et l'absence de tache noire sur les joues. Il est aussi un peu plus gros que le moineau friquet.

Passer montanus

MOUETTE RIEUSE

Famille des Laridés

Tout le monde connaît sa silhouette familière, son plumage blanc et son dos gris bleuté, ses pattes et son bec rouges. La virgule noire qui orne en hiver la joue des adultes cède la place, au printemps, à un capuchon brun chocolat qui s'étend du haut de la gorge au sommet de la nuque, sans l'envelopper. En hiver, les jeunes de l'année se reconnaissent à l'extrémité noire de leur queue. Les deux sexes sont identiques.

Notée un peu partout de la fin de l'été à la fin de l'hiver, plus localisée au printemps.

Silhouette familière. Longueur : 33 à 39 cm, envergure : 80 cm à 1 m.

Particulièrement criarde, notamment sur ses colonies.

Construit un nid de roseaux, le plus souvent dans un marais, sur l'île d'un fleuve ou dans une gravière.

Mœurs

En hiver, elle remonte les fleuves et pénètre volontiers à l'intérieur des villes. Elle est aussi attirée par les décharges où elle côtoie les goélands et se montre très éclectique dans sa quête alimentaire. Au printemps, elle suit les tracteurs et recherche dans les labours vers de terre et larves de hannetons. Certains individus se spécialisent également dans le pillage des cerisiers.

Nidification

Elle se regroupe en grandes colonies très animées sur un étang, parfois sur l'île d'un fleuve ou dans les marais, mais jamais immédiatement près du rivage marin. Le nid, construit avec des roseaux ou des herbes par les deux adultes, est parfois flottant, posé sur une touffe de laîches, ou bâti à même le sol. La femelle y dépose 2 ou 3 œufs brun olive brunâtre à gris jaunâtre, maculés de larges taches plus sombres.

Espèces voisines

Plus localisée, la mouette mélanocéphale est un peu plus forte. Au printemps, sa tête est enveloppée par un capuchon noir qui descend largement sur la nuque. En vol, la pointe des rémiges est dépourvue de noir, contrairement à la mouette rieuse. Voir aussi le goéland cendré.

Larus ridibundus

NETTE ROUSSE

Famille des Anatidés

De la taille d'un colvert, le mâle se repère facilement à sa grosse tête brun-rouge, casquée d'une épaisse huppe orangée. Son bec rouge vif tranche sur son cou et son plastron noirs. Son dos est gris-brun. La femelle est plus terne, avec un plumage brun-gris roussâtre, un bec sombre, des joues grisâtres et une calotte brun foncé qui descend derrière son cou.

Notée toute l'année en Camargue, dans la Dombes, le Forez et la vallée du Rhône où elle niche.

De la taille du colvert, mais silhouette bien différente. Longueur : 50 cm environ, envergure : 85 à 92 cm.

La femelle émet un « *keurrr* » rauque et un « *vouvouvou* » sourd en vol.

Nid dissimulé au sol, sous la végétation, non loin de l'eau.

Mœurs

Quand elle nage, son corps assez élevé et sa tête légèrement penchée en avant font penser à la foulque avec laquelle elle se mêle d'ailleurs volontiers. C'est une bonne plongeuse, mais elle reste rarement plus d'une quinzaine de secondes sous l'eau et va pêcher des plantes aquatiques, notamment des potamots et des characées. Si l'occasion se présente, elle capture aussi des crustacés, des mollusques, des têtards et des larves d'insectes.

Nidification

La femelle recherche un endroit tranquille aux abords d'un plan d'eau pour faire son nid, sous une ronce, dans une touffe de joncs ou dans les broussailles, au pied d'un arbre. Il ressemble à celui des autres canards. Elle y pond 6 à 10 œufs jaune crème qu'elle couve un peu moins d'un mois. Le mâle surveille le nid mais ne participe pas à l'élevage des jeunes.

Espèces voisines

On peut difficilement confondre cette espèce avec un autre canard.

Netta rufina

OIE CENDRÉE

Famille des Anatidés

Sa tête et son cou sont gris brunâtre. Son manteau, brun foncé aux épaules, devient gris cendré dans le bas du dos, puis blanc au niveau de la queue. Le dessous, gris blanchâtre nuancé de brunâtre sur les flancs, est parsemé de taches noires sur le ventre. Les sous-caudales sont blanches, la queue gris-noir est bordée de blanc. Mâle et femelle sont identiques. Tous deux ont un bec orange et des pattes rose chair.

En migration et l'hiver dans les estuaires. De petites populations issues d'oies échappées de captivité nichent çà et là.

La plus grande de nos oies. Longueur : 70 à 80 cm, envergure : 1,40 à 1,60 m.

Cris typiques : *« aahng oung-oung...gaah gah gah gahonk »*.

Construit un gros nid au sol, bien dissimulé dans la végétation, plus rarement dans un tronc creux.

Mœurs

Sur l'eau, elle se repose et cueille de temps à autre des plantes aquatiques, mais c'est surtout dans les champs qu'elle pâture, avec une vigilance extrême. Elle apprécie les jeunes pousses d'herbes tendres, mais consomme aussi des graines et des fleurs. On est souvent surpris par l'élégance et l'agilité de cette ancêtre de nos oies de basse-cour.

Nidification

Elle établit souvent son nid dans une roselière ou à même le sol, sous un saule ou dans l'herbe, jamais très loin de l'eau ni des champs. C'est un amas assez volumineux d'herbes sèches et de roseaux, dans lequel la femelle aménage une coupe qu'elle garnit de duvets. Elle y pond 4 à 6 gros œufs blanc crème qu'elle couve seule pendant un mois. Quelques heures après leur éclosion, les jeunes lui emboîtent le pas.

Espèces voisines

L'oie des moissons, également visible en hiver, paraît plus élancée avec des attaches plus fines, un cou moins épais et un plumage plus sombre, tirant nettement sur le brun au niveau du dos, de la tête et des couvertures alaires. L'oie rieuse, plus rare, a des ailes plus longues, des marques sombres sur le ventre et une tache frontale blanche.

Anser anser

OIE DES MOISSONS

Famille des Anatidés

C'est une oie assez sombre dont le plumage paraît plus brun que gris, sauf au niveau du ventre et des sous-caudales qui sont blancs. La poitrine est aussi d'un brun plus pâle que le dos. Son cou est assez fin, brun foncé. Son bec est noir, parfois bordé d'une fine bande blanche à la base, et marqué d'un anneau jaune orangé au milieu, de la même couleur que ses pattes. Les deux sexes sont identiques.

En hiver sur les étangs, les fleuves et dans les estuaires. Un peu plus continentale que les autres oies.

Plus brune que grise, assez facile à identifier. Longueur : 65 à 70 cm, envergure : 1,50 à 1,70 m.

Cris claironnants : « *kayak kayak* », mais souvent silencieuse.

Niche dans l'extrême nord de l'Europe.

Mœurs

Elle porte bien son nom. Si on la repère souvent en vol, c'est en effet le plus souvent dans les champs qu'on a une chance de l'observer, bien qu'elle demeure extrêmement farouche et difficile à approcher. Elle recherche avec assiduité les grains de céréales perdus lors de la moisson (maïs, blé, orge...), consomme aussi les feuilles, les graines et les racines des graminées sauvages ainsi que du trèfle.

Nidification

Elle niche dans l'extrême nord de l'Europe, dans la toundra. Son nid est un amas d'herbes, de mousse et de feuilles où la femelle pond 4 à 6 œufs de couleur claire qu'elle couve seule pendant un mois. Les jeunes suivent leur mère peu de temps après leur éclosion et s'alimentent seuls. Elle se contente de veiller sur eux, de les protéger et de les réchauffer.

Espèces voisines

Compte tenu de sa livrée assez sombre, on la différencie généralement assez bien de l'oie cendrée, plus grise et plus massive, ainsi que de l'oie rieuse, plus rare chez nous.

Anser fabalis

PERDRIX GRISE

Famille des Phasianidés

De loin, c'est un oiseau de taille moyenne, rondelet, court sur pattes et gris. De plus près, cette perdrix révèle un masque facial roux orangé et un cou gris cendré finement vermiculé. Son dos brun terreux est strié de brun jaunâtre. Sa poitrine gris cendré, finement barrée de noir, s'orne d'un « fer à cheval » marron, plus large chez le mâle que chez la femelle. Le ventre est blanc et la queue rousse.

Sédentaire. Ses populations les plus importantes se trouvent dans la moitié nord de la France et dans les Pyrénées.

Silhouette rondelette, courte sur pattes. Longueur : 30 cm, vol rapide.

Le mâle lance un appel rude et grinçant : « *ghirrèk* » ; le cri de la femelle est un peu plus doux.

Niche au sol dans un champ, le plus souvent en périphérie, sur le bord d'un chemin.

Mœurs

C'est l'oiseau typique des grandes plaines céréalières. Elle vit une bonne partie de l'année en petits groupes, les « compagnies », et passe le plus clair de son temps à picorer les graines dans les champs. Elle apprécie aussi les jeunes pousses tendres, les fruits et occasionnellement les racines et les tubercules. De mi-avril à mi-juin, elle complète ce régime alimentaire par des insectes.

Nidification

À la fin de l'hiver, les compagnies se disloquent et les couples s'isolent pour nicher, mais les disputes entre voisins demeurent fréquentes. La femelle choisit l'emplacement de son nid, parfois dans un champ mais le plus souvent sur une banquette herbeuse en périphérie. Elle garnit alors une dépression de terrain avec une mince litière d'herbe et couve seule, fin avril, 10 à 20 œufs brun olive ou gris-vert, pendant 25 jours.

Espèces voisines

La perdrix rouge adulte est facile à différencier lorsqu'elle est posée. En vol, elle révèle un manteau brun-rouge uniforme (et non brun terreux) marqué de jaunâtre. La détermination des jeunes est plus difficile. La caille des blés est nettement plus petite.

Perdix perdix

PERDRIX ROUGE

Famille des Phasianidés

Le manteau est brun-rouge, plus roux sur les épaules, plus gris au niveau du croupion. La tête, soulignée par un sourcil blanc, porte un bandeau noir qui part du bec, englobe l'œil, s'élargit sur les joues, puis se termine en collier, relayé par des points noirs sur la nuque et la poitrine. La gorge est d'un blanc pur. Le bec et les pattes sont rouges, les flancs largement barrés de roux, de noir et de blanc. Mâle et femelle sont identiques.

Présente dans les 2/3 méridionaux du pays. Sédentaire.

Silhouette rondelette, courte sur pattes. Hauteur : 33 à 38 cm.

Le chant du mâle, *« kok tchak tchak »*, répété pendant de longues minutes, est typique.

Niche au sol, souvent au pied d'une haie, parfois au bord d'un chemin, dans l'herbe.

Mœurs

Elle affectionne les lieux secs et ensoleillés avec une végétation buissonnante et s'accommode des plaines à condition qu'elles soient coupées de haies. Elle se regroupe en compagnies de la fin de l'été au début du printemps. Végétarienne et granivore la majeure partie de l'année, elle complète son régime par des insectes et des araignées au printemps.

Nidification

Dans le courant d'avril, le mâle choisit l'emplacement du nid, le plus souvent sous un buisson, parfois dans l'herbe haute. Il moule un emplacement dans le sol avec son corps et amasse une petite litière d'herbes sèches, incitant la femelle à en prendre possession. Celle-ci couve seule, pendant un peu plus de 3 semaines, une douzaine d'œufs blanc jaunâtre tachés de rouge et de gris.

Espèces voisines

La perdrix bartavelle lui ressemble beaucoup, mais elle est cantonnée aux départements alpins et se reconnaît à son manteau plus gris ; elle ne porte pas de points noirs autour du collier noir. Voir aussi la perdrix grise avec laquelle elle cohabite en de nombreux secteurs.

Alectoris rufa

PETIT-DUC SCOPS

Famille de Strigidés

Ce hibou miniature a la taille d'un merle. Son manteau gris brunâtre à brun-roux est finement taché de brun-noir et de blanc. Sa poitrine est gris roussâtre pâle, barrée de brun-noir, son ventre est plus clair. Ses disques faciaux gris pâle, finement pointillés de brun, sont bordés de brun, roux et noir. Ses yeux présentent un iris jaune pâle. Mâle et femelle sont identiques.

D'avril à septembre, surtout dans le Midi, avec des petites populations çà et là au sud de la Seine.

Petite boule de plumes dont les aigrettes ne sont pas toujours visibles. Longueur : 20 cm, envergure : 50 cm environ.

Chant typique : « *thiou* », souvent confondu avec le chant du crapaud accoucheur.

Ne construit pas de nid.

Adopte volontiers un nichoir.

Mœurs

De retour en avril, ce migrateur affectionne les lieux semi-boisés, les boqueteaux, les parcs et les allées de vieux arbres, les vergers. Il s'aventure volontiers à l'intérieur des villages et des villes. Son régime alimentaire fait une très large place aux insectes, notamment aux sauterelles et aux papillons, mais il capture aussi à l'occasion petits rongeurs, musaraignes et passereaux.

Nidification

Il s'installe généralement dans un tronc creux et adopte volontiers un nichoir, mais niche parfois aussi dans un vieux mur ou un ancien nid de pie. La femelle pond, fin mai, 3 à 6 œufs blancs dont elle assume seule la couvaison pendant près d'un mois. Les jeunes séjournent au nid 3 à 4 semaines, puis dès la fin août entament une migration qui les conduira dans le bassin méditerranéen ou au sud du Sahara.

Confusions possibles

Curieusement, ce n'est pas avec un oiseau qu'on le confond le plus souvent, mais avec le crapaud accoucheur, dont le chant est assez voisin. La chevêche est un peu plus grosse et son plumage bien différent.

Otus scops

PETIT GRAVELOT

Famille des Charadriidés

Courant plutôt que marchant et agité de tics nerveux, il a la taille d'un passereau, avec de longues pattes. Son manteau est brun terreux, son ventre blanc avec un collier noir surligné de blanc qui s'élargit sur la poitrine. La tête blanche est traversée par un bandeau noir surmonté d'un large sourcil blanc qui se prolonge sur le haut du front. L'œil est cerclé de jaune citron. Les deux sexes sont identiques.

Visible de fin mars à août, un peu partout dans le pays.

Taille d'un passereau avec de grandes pattes et un bec court, mais attitude nerveuse, typique des pluviers. Longueur : 15 cm.

Chant sonore : *« grigrigrigrigri griâ griâ griâ griâ »*, émis au cours du vol nuptial.

Niche au sol, souvent sur le banc de sable d'une rivière.

Mœurs

C'est le long des fleuves et sur les vasières des étangs qu'on a le plus de chance de l'observer. Il chasse à vue petits insectes (coléoptères, fourmis) et araignées. Il lui arrive aussi de prendre des vers de terre, des petits mollusques, des larves d'insectes et des crustacés, voire des graines. Il est rare de le voir s'aventurer dans l'eau, tout au plus se mouille-t-il les pieds.

Nidification

Dès leur retour, fin mars, les couples se cantonnent et défendent un territoire : une île sableuse, une sablière... Le nid est particulièrement difficile à voir. Les 4 œufs gris jaunâtre finement ponctués de gris et de brun-noir, très mimétiques, sont pondus à même le sol dans une petite dépression moulée par le corps des oiseaux. Ils sont couvés 25 jours par les deux sexes.

Confusions possibles

Le grand gravelot et le gravelot à collier interrompu sont surtout confinés au littoral. Le premier n'a pas de sourcil blanc prolongé en diadème sur le front ; en vol, aucune plage blanche n'est visible sur ses ailes. Le second a un manteau plus clair, un collier incomplet.

Charadrius dubius

PIC ÉPEICHE

Famille des Picidés

On le distingue à sa silhouette et à son plumage bigarré typiques : dos noir brillant, avec deux larges taches blanches sur les ailes, dessus de la tête noir, contrastant avec les joues blanches, le front jaune et la nuque (du mâle) rouge vif. La gorge et la poitrine sont blanc plus ou moins brunâtre, alors que le bas-ventre est nettement rouge vif. Les jeunes, plus ternes, ont le dessus de la tête rouge.

Toute la France, sédentaire. Assez commun dans les parcs.

Silhouette et plumage caractéristiques. Longueur : 23 cm.

Cri caractéristique et sonore : *« kik »*.

Creuse une loge dans un arbre.

Fréquente occasionnellement les mangeoires en hiver.

Mœurs

On le localise par son cri sec : « kik », *ou par ses incessants tambourinages sur les branches mortes. Il explore les écorces, à la recherche des insectes et de leurs larves, ajoutant à son menu hivernal les graines de pin. Il coince les cônes dans le relief d'une écorce qui devient, pour l'occasion, sa forge. Il descend assez peu à terre. Pas véritablement méfiant, il tourne autour des arbres pour se dégager d'une surveillance trop insistante.*

Nidification

Dès fin mars, le mâle entreprend le forage d'une loge (trou rond de 4-5 cm de diamètre), rarement à moins de 2 m du sol. La femelle participe peu aux travaux, mais dépose, un à deux mois plus tard, une ponte annuelle de 4 à 6 œufs blancs et luisants que le mâle couve la majeure partie du temps.

Confusions possibles

Le pic épeichette fréquente aussi les parcs et les jardins. Également bigarré, il est toutefois beaucoup plus petit (14,5 cm) et sans plaque blanche sur le dos. Dans les vieux parcs, on trouve parfois (rarement) le pic mar, qui ressemble au jeune épeiche, mais avec un bas-ventre rosé (et non rouge).

Dendrocopos major

PIC NOIR

Famille des Picidés

C'est le plus grand de nos pics. Bien que sa silhouette soit toute différente, il a la taille et la couleur noire de la corneille. Le mâle se reconnaît à sa large calotte rouge. La femelle se contente d'une simple tache rouge au niveau de la nuque. Tous deux ont un bec blanc ivoire, solide, et un iris blanc jaunâtre qui leur donnent un air énigmatique et sévère.

Noté toute l'année, sauf dans le Sud-Ouest, la Bretagne, le Cotentin et la Corse.

Silhouette typique d'un pic et taille d'une corneille. Longueur : 45 à 48 cm, envergure : 70 à 75 cm.

Émet un cri plaintif et sonore, « *klieuh* », ainsi qu'un « *krukrukrukru* » caractéristique en vol.

Creuse une loge ovale dans un tronc d'arbre sain, souvent à bonne hauteur.

Mœurs

On l'entend généralement bien avant de l'apercevoir, car il se signale par ses cris plaintifs qui portent à plusieurs kilomètres. Exclusivement forestier, mais fréquentant parfois les grands parcs, il est aussi extrêmement farouche. Les fourmilières exercent sur lui un attrait tout particulier et il descend volontiers à terre pour les éventrer et les piller. Il attaque tous les bois vermoulus à la recherche de larves d'insectes, mais consomme aussi des graines de conifères et des fruits.

Nidification

Il creuse dans le tronc des arbres (hêtre, sapin blanc, tremble, pin sylvestre...), souvent à bonne hauteur, une loge ovale, impressionnante et facilement reconnaissable. Fin avril ou début mai, la femelle y dépose 4 œufs blancs et luisants dont l'incubation d'une douzaine de jours est essentiellement assumée par le mâle. Nourris par les deux parents, les jeunes quittent la loge environ un mois plus tard.

Confusions possibles

Impossible à confondre avec une autre espèce, compte tenu de sa taille et de sa silhouette.

Dryocopus martius

PIC VERT

Famille des Picidés

De grande taille, le pic vert porte un plumage caractéristique : ventre gris verdâtre pâle, barré de vert sur les flancs, dos vert brillant, croupion jaunâtre (bien visible à l'envol), joues gris verdâtre, avec un masque noir autour des yeux. La calotte, rouge vif chez les deux sexes, est plus étendue chez le mâle. Les moustaches, noires chez la femelle, sont rouge cerné de noir chez le mâle. Son vol ondulé est typique.

Dans toute la France, sédentaire. Parcs et vergers.

Grande taille, silhouette caractéristique. Longueur : 32 cm.

Cris et chant typiques, rappelant un éclat de rire : *« kiakiakiakiakiak ».*

Nid creusé dans un arbre au bois tendre, entre 2 et 6 m.

Mœurs

C'est le plus « terrestre » de nos pics. Il descend volontiers au sol pour explorer les fourmilières, voire les pelouses, à la recherche des vers. Il lui arrive de percer des ruches pour en extraire les abeilles ; mais le plus souvent, il se contente de nettoyer les troncs vermoulus des larves qu'ils hébergent, grâce à sa longue langue filiforme, munie de petits crochets. Son chant et ses cris, typiques, explosent comme un éclat de rire : « kiakiakiakiakiakiak ». *Ce solitaire se montre parfois ombrageux.*

Nidification

Le mâle creuse une loge dans le tronc d'un arbre, à la fin de l'hiver, entre 2 et 6 m de haut (environ 6,5 cm de diamètre). La femelle finit d'arranger son logis et dépose une seule ponte de 5-7 œufs blanc brillant. C'est le mâle qui s'acquitte en majeure partie de leur couvaison.

Confusion possible

Le pic cendré (Picus canus) *a également le dos vert, mais le front du mâle porte une toute petite tache rouge. Sa tête est grise et sa taille plus petite (25 cm). Beaucoup plus rare, il est localisé dans les vieilles futaies feuillues.*

Picus viridis

PIE BAVARDE

Famille des Corvidés

Sa silhouette et son allure caractéristiques permettent de l'identifier facilement. La tête, le plastron et le dos, noir brillant, contrastent vivement avec le ventre et les épaules, d'un blanc immaculé. La longue queue noire, étagée en losange (identifiable en vol), porte des reflets irisés verts et violets, visible par un bon éclairage. Les jeunes, aux couleurs plus ternes, ont la queue plus courte.

Toute la France, commune et sédentaire.

Impossible à confondre, noire et blanche, avec une longue queue. Longueur : 46 cm.

Cris caractéristiques : « *chakchakchakchak* ».

Gros nid volumineux de branchages.

Mœurs

Sa méfiance est légendaire, mais elle ne passe pas inaperçue. Elle est volontiers bruyante et lance souvent un « chakchakchakchak », *d'où ses noms vernaculaires de pie bavarde, pie jacasse ou d'agasse. Celui de pie voleuse est bien réel. Elle aime amasser dans son nid les objets brillants. Insectes et vers tiennent une large part dans son régime alimentaire, sans dédaigner les nids des rongeurs et des petits oiseaux. Les graines et les fruits complètent ce menu éclectique. Elle est très sociable.*

Nidification

Elle construit un gros nid de branches, caractéristique, souvent assez haut dans la cime d'un arbre. Particulièrement solide, sa base est maçonnée avec de la boue. L'intérieur est sommairement garni de radicelles, parfois de crin ou d'herbe sèche. Un toit de branches couvre l'ensemble. La ponte annuelle comporte de 5 à 7 œufs de couleur variable (verdâtre, jaunâtre ou bleuâtre), avec des taches grises et brunes.

Les anciens nids sont souvent réutilisés par le faucon crécerelle et les rapaces nocturnes.

Pica pica

PIE-GRIÈCHE ÉCORCHEUR

Famille des Laniidés

Le mâle a un manteau roux vif, gris-bleu dans le bas du dos et au niveau du croupion. Sa tête est coiffée d'une large calotte grise se prolongeant sur les épaules, soulignée par un épais bandeau noir en travers de l'œil. Ses dessous sont blanchâtres, lavés de rose pâle. La femelle a un manteau brun plus terne et des dessous blanc crème, plus ou moins écaillés de brun. Comme chez les rapaces, le bec est crochu.

Visible de fin avril à mi-juillet. Plus rare dans le quart nord-ouest du pays.

Taille intermédiaire entre le merle et le moineau. Longueur : 17 cm.

Le mâle émet des cris assez typiques, « *kschè-kschè-kschè* », forts et disgracieux.

Nid évoquant celui d'un merle ou d'un bruant zizi, dans un fourré d'épineux ou une haie.

Mœurs

Elle vit dans les zones de buissons et se nourrit surtout d'insectes (coléoptères, guêpes, frelons, bourdons...) et d'araignées, mais s'attaque aussi aux petits rongeurs, musaraignes, lézards, grenouilles et jeunes oiseaux. Son nom traduit un comportement particulier : elle constitue en effet des réserves de nourriture en empalant ses proies sur des « lardoires », souvent les aiguilles acérées des prunelliers.

Nidification

Le mâle débute la construction du nid dans un buisson, la femelle assurant les finitions. C'est un nid assez grossier de tiges sèches et de racines, surmonté d'un solide assemblage de mousse et de brins secs ; la coupe est plus soignée. À partir de la mi-mai, la femelle pond 5 ou 6 œufs tachetés d'une couleur extrêmement variable, qu'elle couve pratiquement seule pendant une quinzaine de jours.

Espèces voisines

La pie-grièche à tête rousse lui ressemble, mais mâle et femelle, identiques, ont une calotte rousse qui s'étend jusque sur la nuque. Son manteau est noir, avec des ailes barrées de blanc. Les jeunes sont beaucoup plus difficiles à différencier. La pie-grièche grise est plus grande, avec un manteau gris et noir, une poitrine et un ventre blancs.

Lanius collurio

PIGEON COLOMBIN

Famille des Columbidés

D'une taille intermédiaire entre le pigeon ramier et une tourterelle, le colombin se distingue d'emblée par son plumage dépourvu de toute marque blanche. Son manteau est gris-bleu, presque uniforme, à peine teinté de brunâtre en haut du dos chez la femelle. Le dessous gris cendré est nuancé de rose vineux sur le jabot, les côtés du cou sont irisés de vert pourpré.

Pratiquement toute l'année. Absent dans le Sud-Ouest, l'extrême Sud-Est et la Corse.

Plus fin que le ramier, avec un vol plus rapide et sans aucune tache blanche. Longueur : 31 cm.

Son chant est une succession de « *rhoû* » vigoureux caractéristiques.

Niche le plus souvent dans un arbre creux ou occupe la loge désaffectée d'un pic noir.

Peut s'accommoder d'un nichoir.

Mœurs

Si son vol est un peu plus rapide que celui du ramier, ses allures terrestres sont sensiblement les mêmes. Il glane dans les champs les graines de nombreuses plantes, cultivées ou non, et consomme des herbes tendres. Il mange également des faines et des glands, mais uniquement à terre. Il lui arrive aussi parfois d'attraper une chenille, une araignée ou un mille-pattes.

Nidification

C'est un cavernicole qui recherche les troncs évidés des vieux arbres et les nids désaffectés du pic noir pour nicher. À l'occasion, il peut aussi se contenter d'un terrier de lapin, s'installer dans un nid de pie ou adopter un nichoir. En mars, le mâle apporte quelques brindilles et des feuilles sèches à sa femelle qui les aménage. Tous deux couvent à tour de rôle les 2 œufs blancs pendant une bonne quinzaine de jours.

Confusions possibles

C'est le seul pigeon qui ne possède absolument pas de blanc dans son plumage. La confusion est toutefois possible avec certains pigeons de villes, mais en général le bas de leur dos est très clair.

Columba oenas

PIGEON RAMIER

Famille des Columbidés

Le plus grand de nos pigeons sauvages a le dos gris ardoisé, comme le dessus de la tête. Une large plage blanche ponctue chaque côté du cou, dont les plumes ont des reflets métalliques violets et verts. Le dessous, gris-bleu plus clair que le dos, se teinte de rose vineux au niveau du jabot et du poitrail. Les ailes portent un croissant blanc visible en vol. L'extrémité de la queue est largement barrée de noir.

Partout en France, toute l'année. Espèce commune.

Silhouette typique, le plus grand de nos pigeons. Longueur : 41 cm.

Chant sonore : *« groûhou-coucouh... ».*

Nid sommaire de brindilles dans un arbre ou un buisson.

Mœurs

Très confiant dans les jardins publics, il devient beaucoup plus méfiant dans les parcs campagnards. S'il se regroupe en bandes l'hiver dans les champs, il s'isole en couple à la belle saison. C'est avant tout un granivore qui recherche avec méthode sa nourriture au sol, mais cueille volontiers des fruits et des glands dans les arbres. Le mâle délimite son territoire en chantant « groûhou-coucouh... » *et par de nombreuses démonstrations aériennes, ponctuées de claquements d'ailes bruyants et de longs vols planés.*

Nidification

Le nid, construction sommaire de brindilles qu'il assemble entre 2 et 20 m de haut, dans la fourche d'un arbre, dans un buisson ou un lierre, souvent bien dissimulé, est construit le matin, principalement par le mâle. La femelle couve pratiquement seule, juste relayée en milieu de journée. Trois, voire quatre pontes annuelles de deux œufs blancs et brillants.

Confusions possibles

Voir le pigeon des villes et la tourterelle turque. Dans les bois, on trouve aussi le pigeon colombin, plus petit, au plumage plus sombre, totalement dépourvu de blanc.

Columba palumbus

PIGEON DES VILLES

Famille des Columbidés

Le plumage est assez variable d'un individu à l'autre. À l'origine, il s'agit du pigeon biset, mais de nombreux croisements se sont opérés. La race pure a le dos gris clair, le croupion blanc (visible en vol), les ailes barrées de deux traits noirs. Les plumes du cou ont des reflets irisés violets ou verts. La queue, terminée par une barre noire, est assez large. La base du bec, cornée, présente une coloration blanchâtre.

Dans toute la France, commun dans les villes.

Silhouette commune, mais plumage variable. Longueur : 33 cm.

Roucoulades caractéristiques : *« cou rou cou ».*

Nid sommaire de brindilles sur un mur.

Mœurs

Il passe le plus clair de son temps soit à manger, soit à parader! Très sociable, il vit en colonie, s'installant — au grand désespoir des services municipaux — sur les cathédrales, châteaux et autres édifices architecturaux... Pour se nourrir, il fait feu de tout bois. En ville, les trottoirs recèlent quantité de nourriture. À la campagne, il trouve les compléments dans les champs et les jardins.

Nidification

Dans un recoin de clocher, sur le rebord d'un mur, dans une gouttière..., il accumule quelques branchettes qui lui tiennent lieu de nid. Le cas échéant, quelques plumes viennent garnir cette construction spartiate. Les trois ou quatre pontes annuelles (parfois plus) comportent deux œufs blanc pur. À Paris, il niche pratiquement toute l'année!

Confusions possibles

On peut le confondre avec le pigeon ramier. Ce dernier est plus trapu, avec une large tache blanche de chaque côté du cou et un croissant blanc qui traverse les ailes, bien visible en vol. Voir aussi la tourterelle turque. La race sauvage pure se reproduit sur les côtes rocheuses.

Columba
x *livia*

PINSON DES ARBRES

Famille des Fringillidés

Plus fin qu'un moineau, le mâle a le front noir, le dessus de la tête et le cou gris-bleu, le dos brun-châtain, le croupion vert jaunâtre. Les côtés de la tête et le dessous sont rose vineux, le ventre paraissant blanchâtre. En vol, on distingue bien la barre alaire et les épaules blanches. La femelle et les jeunes sont plus mimétiques : dos brun-olive et dessus brun-gris pâle.

Dans toute la France, en toutes saisons. Très commun.

Comme un moineau, mais plus élancé. Longueur : 15 cm.

Chant sonore typique avec finale bien marquée.

Nid douillet, très mimétique, dans la fourche d'un fruitier.

Fréquente assidûment les mangeoires en hiver.

Mœurs

Dès février, son chant anime tous les jardins et les parcs. Les ornithologues l'interprètent de façon amusante : « Dis, dis, veux-tu que je t'estropie mon p'tiot. » ***Bien en évidence sur une branche, le mâle délimite ainsi son territoire. Peu farouche, il passe de longs moments au sol, sautillant et trottinant, à la recherche de graines. À la belle saison, il complète son alimentation par des insectes.***

Nidification

Le mâle choisit le site où sera édifié le nid, généralement dans la fourche d'un arbre, entre 2 et 6 m de haut, mais participe peu à sa construction. Très soigné, c'est une coupe solide, très mimétique, faite de radicelles, de tiges sèches et de mousse, garnie, sur l'extérieur, de lichens maintenus par des toiles d'araignées. Deux pontes annuelles de 5-6 œufs de couleur très variable (du bleu au rouge brique), tachés de brun roussâtre.

Confusions possibles

Voir le pinson du Nord et le moineau domestique. La femelle peut éventuellement être confondue avec celles des bruants.

Fringilla coelebs

PINSON DU NORD

Famille des Fringillidés

Il a les allures du pinson des arbres, mais son plumage est bien différent. Le mâle présente une tête et un dos noir brillant, le bas du dos et le croupion étant blancs. La gorge et la poitrine sont roux orangé, avec les flancs tachetés de noir. Une barre blanche souligne l'aile et l'épaule. Chez la femelle et les jeunes, le plumage paraît plus terne : le brun foncé remplace le noir, l'orangé est plus pâle et le croupion blanc jaunâtre.

En France, visiteur hivernal, de septembre à mars.

Comme le pinson des arbres, mais plus svelte. Longueur : 14,5 cm.

Cris nasillards typiques : *« quèèk ».*

Nid douillet, mimétique, à grande hauteur.

Fréquente les mangeoires (tranquilles).

Mœurs

Le lien de parenté avec le pinson des arbres est évident. À peine plus petit, celui-ci est aussi plus svelte. C'est, chez nous, un visiteur hivernal que l'on désigne aussi sous le nom de pinson des Ardennes. On l'observe le plus souvent en bande, associé ou non à l'autre pinson et à d'autres espèces, recherchant sa nourriture au sol, exclusivement des graines à cette époque. Il fréquente aussi les mangeoires, s'il n'y est pas perpétuellement dérangé. Les cris nasillards : « quèèk » *qu'il émet fréquemment lui permettent de maintenir la cohésion du groupe. À la tombée de la nuit, d'énormes dortoirs rassemblent parfois plusieurs milliers d'individus.*

Nidification

Il niche principalement en Scandinavie. Nid et œufs ressemblent en tous points à ceux du pinson des arbres. Les deux pontes annuelles sont fréquemment parasitées par le coucou.

Confusions possibles

Compte tenu de sa poitrine orangée, on ne peut guère le confondre avec une autre espèce. En vol, le croupion blanc permet de le distinguer aisément du pinson des arbres.

Fringilla montifringilla

PIPIT DES ARBRES

Famille des Motacillidés

Il rappelle la bergeronnette par sa silhouette et son allure générale. Des raies brun-noir parcourent le dessus, brun roussâtre (le croupion est uni). La tête, brun roussâtre sur les côtés, porte un sourcil jaunâtre et des moustaches brun-noir. La gorge, blanchâtre, et la poitrine, blanc roussâtre, sont rayés de brun-noir, alors que le ventre, plus clair, reste uni. Le bec est effilé. Un liseré blanc borde la queue, brune, assez longue.

Toute la France, entre avril et octobre. Très discret.

Taille et allure rappelant la bergeronnette. Longueur : 15 cm.

Chant sonore caractéristique qui rappelle celui du canari.

Nid très bien caché, au sol, sous une touffe d'herbes.

Mœurs

De retour en avril sur son territoire, le mâle choisit quelques postes de chant élevés, d'où il s'élance pour son vol nuptial, une chandelle aérienne suivie d'une longue descente planée en chantant. Son chant est typique, véritable cascade de notes, particulièrement sonore, rappelant un peu celui du canari. En dehors de ces démonstrations, c'est un oiseau fort discret, qui passe facilement inaperçu grâce à son plumage mimétique. Il se nourrit d'insectes et de leurs larves, cueillis soit au sol, soit en vol avec beaucoup d'adresse. Il fréquente les parcs buissonnants et clairs.

Nidification

Remarquablement caché au pied d'une touffe d'herbe, le nid forme une coupe assez profonde, composée de mousse et de tiges d'herbes sèches. L'intérieur est garni de matériaux très fins et de crins. La femelle couve seule 5-6 œufs de coloration variable, oscillant entre le blanchâtre et le gris-mauve, avec des taches plus foncées, et qui sont parasités par le coucou.

Confusions possibles

Le pipit farlouse (Anthus pratensis) *lui ressemble comme un frère, mais il est moins roussâtre, son chant est bien différent et il vit dans des milieux plus ouverts. Voir aussi le cochevis huppé.*

Anthus trivialis

POUILLOT FITIS

Famille des Sylviidés

Ce petit oiseau a le dessus du corps vert olive, un peu jaunâtre au niveau du croupion, le dessous blanchâtre, lavé de jaune verdâtre du menton à la poitrine, et les flancs fauve jaunâtre pâle. Le dessous des ailes est jaune citron vif, alors que le dessus et la queue sont brun foncé. Un sourcil jaune orne la tête, munie d'un bec fin, brun. La couleur des pattes varie du jaune orangé au brun foncé. Seul le chant permet de le distinguer des autres pouillots.

Présent d'avril à octobre, partout en France, jusqu'à la hauteur de Bordeaux ; plus rare, voire absent, au sud.

Minuscule fauvette verdâtre. Longueur : 11 cm.

Le chant ressemble à celui du pinson des arbres, en plus doux.

Nid au sol toujours parfaitement dissimulé dans le milieu.

Mœurs

À son retour, en avril, le mâle se cantonne sur un territoire et affirme sa propriété par son chant qui rappelle, en un peu adouci, celui du pinson des arbres. Ce chant constitue le meilleur moyen de l'identifier. Les femelles arrivent généralement bien après les mâles. Très mimétique et toujours en activité, il passe le plus clair de son temps à explorer les feuillages, dans l'espoir d'y découvrir quelque insecte. Il s'installe de préférence dans les parcs assez ensoleillés.

Nidification

C'est à la femelle que revient la construction du nid, dans la plus grande discrétion. C'est une boule soignée d'herbes et de racines, avec une petite ouverture latérale. L'extérieur est garni de matériaux environnants pour mieux le dissimuler. Résultat garanti ! L'intérieur est tapissé de plumes. La ponte annuelle comporte 6-7 œufs blanc jaunâtre, tachés de marron.

Confusions possibles

Compte tenu de la taille, on ne peut guère le confondre qu'avec les autres pouillots ; seul le chant permet de les différencier. Voir aussi le troglodyte mignon.

Phylloscopus trochilus

POUILLOT SIFFLEUR

Famille des Sylviidés

Un peu plus grande que les autres pouillots, cette petite fauvette a le dos vert, plus brunâtre sur les épaules et la tête. Celle-ci s'orne d'un sourcil jaune, souligné de vert brunâtre. Sa poitrine est jaune soufre pâle, son ventre blanc. Ses rémiges et ses rectrices sont brun foncé, liserées de vert jaunâtre, ses pattes brun jaunâtre pâle. Mâle et femelle sont identiques.

De fin mars à fin septembre. Assez répandu dans le nord du pays, nettement plus rare au sud, excepté dans les Pyrénées.

Petite fauvette au manteau verdâtre. Longueur : 12 cm.

Lance souvent un « *duy* » sifflé. Chant d'abord hésitant, puis typique, « *psit-psit-psit psitpsitpsitpsitrrrrrrr* ».

Son nid est une boule de brindilles avec une entrée latérale, discrètement dissimulée au sol.

Mœurs

Son arrivée coïncide avec l'apparition des feuilles. Inféodé aux grands arbres, il se rencontre dans les boisements clairs et les parcs où il se signale par son chant facile à reconnaître. Il moucheronne dans les arbres, décrochant chenilles, papillons, pucerons ou éphémères à l'aisselle des feuilles. Il poursuit en vol les insectes volants, mais recherche rarement sa nourriture au sol.

Nidification

Il niche à terre, souvent au revers d'un petit fossé. La femelle confectionne seule une petite boule d'herbes sèches assez soignée et généralement bien dissimulée par des feuilles mortes, des feuilles de lierre ou des racines. Elle y pond 6 ou 7 œufs blancs tachetés de brun chocolat qu'elle couve seule pendant 2 semaines, sans que le mâle ne la ravitaille. Son nid est souvent la proie des rongeurs.

Confusions possibles

Il est un peu plus grand que les autres pouillots et aussi un peu plus jaune, notamment au niveau de la poitrine, avec un ventre bien blanc. Son sourcil est aussi très net. Mais c'est surtout son chant qui permet de le différencier.

Phylloscopus sibilatrix

POUILLOT VÉLOCE

Famille des Sylviidés

Cette fauvette minuscule est très mimétique : dessus du corps brun-olive, sourcil jaunâtre peu marqué, poitrine jaune verdâtre, ventre blanc jaunâtre, plus ou moins lavé de roussâtre, dessous des ailes jaune citron vif, dessus des ailes et queue bruns. Le bec, fin, est brun noirâtre, comme les pattes. Seul le chant permet, dans la nature, de confirmer sa détermination.

Dans toute la France, commun d'avril à novembre. Rare en hiver.

Minuscule fauvette verdâtre. Longueur : 11 cm.

Chant typique sur 2 notes : *« chif-chaf, chif-chaf ».*

Nid en boule avec des herbes, à faible hauteur.

Mœurs

Son chant caractéristique, sur deux notes, « chif-chaf, chif-chaf, chif-chaf... », *répété à longueur de journée et facile à reconnaître, lui a valu le surnom de compteur d'écus. Toujours actif, il parcourt inlassablement frondaisons et buissons pour y collecter des insectes. Il est assez rare de le surprendre à découvert, sauf quand il poursuit une proie en vol. Très opportuniste, il s'accommode de la plupart des milieux, ce qui n'est pas le cas des autres pouillots.*

Nidification

Dissimulé dans les herbes ou au pied d'un buisson, le nid est souvent à une vingtaine de centimètres du sol. C'est une boule, plus ou moins oblongue, de brins d'herbe, mousse et feuilles, avec une ouverture latérale. L'intérieur est garni de plumes. Deux pontes annuelles de 5-6 œufs blancs, maculés de marron et de mauve sur la plus grosse extrémité.

Confusions possibles

Voir le pouillot fitis. Les pouillots siffleurs (Phylloscopus sibilatrix) *et de Bonelli* (Phylloscopus bonelli), *nettement plus forestiers, sont plus jaunes ; leur chant est un trille sifflé bien différent.*

Phylloscopus collybita

ROITELET HUPPÉ

Famille des Sylviidés

Cette minuscule boule de plumes – le plus petit des oiseaux d'Europe – arbore un manteau assez neutre vert olive à grisâtre, tandis que les dessous sont un peu plus pâles. Son front est brun foncé, sa tête surmontée d'une huppe jaune, encadrée de noir chez les deux sexes. Celle-ci est agrémentée à l'arrière d'une petite tache orangée chez le mâle. Ses rémiges et ses rectrices sont brunâtres.

Visible toute l'année un peu partout, mais en densité variable. Très lié aux conifères.

Boule de plumes minuscule pesant 5 à 6 g ! Longueur : 8 à 10 cm.

Cris légers à peine perceptibles. Chant très discret, conclu par une finale plus énergique, *« ssrriisriisriisriisrrrr »*.

Coupe globuleuse de mousse et de lichen, souvent à grande hauteur, accrochée à une branche de conifère.

Mœurs

On le rencontre dans les forêts et les parcs où il montre un penchant très marqué pour les conifères. Il se tient en général dans les frondaisons et répugne à descendre très bas dans les arbres. Il recherche, au revers des feuilles et des branches, des araignées et des insectes, ainsi que leurs larves et leurs œufs. En hiver, il fait cause commune avec les mésanges et s'associe à leurs bandes.

Nidification

Son nid est une boule assez lâche de mousse et de lichen consolidée par des toiles d'araignée, avec une petite ouverture au sommet. Il est souvent construit à grande hauteur sur une branche de conifère. La femelle y pond 8 à 10 œufs blancs, plus ou moins ponctués de petites taches brunâtres, qu'elle couve la plupart du temps seule pendant une quinzaine de jours.

Espèces voisines

Le roitelet triple-bandeau, de même taille, présente un large sourcil blanc au-dessus de l'œil, lui-même inclus dans un bandeau noir. La femelle arbore une huppe jaune, le mâle une huppe orangée. Les jeunes des deux espèces sont pratiquement impossibles à différencier dans la nature. Voir aussi les pouillots. Le troglodyte est souvent appelé roitelet, à tort.

Regulus regulus

ROSSIGNOL PHILOMÈLE

Famille des Turdidés

Plus facile à entendre qu'à voir, il se distingue par son manteau brun roussâtre, un peu plus rouge au niveau du croupion et à ses dessous blancs grisâtre, nuancés de brun pâle sur la poitrine et les flancs. Sa queue très rousse est un bon critère de reconnaissance. Ses grands yeux sombres sont cerclés d'un anneau clair. Les jeunes sont tachetés sur le ventre et la poitrine. Les deux sexes sont identiques.

D'avril à fin septembre, dans toute la France excepté la pointe de la Bretagne et la presqu'île du Cotentin.

À peine plus grand qu'un moineau. Longueur : 16 cm.

Émet jour et nuit des strophes extrêmement variées et sonores.

Nid de feuilles et de brindilles, toujours très bien dissimulé au sol ou à faible hauteur.

Mœurs

Hôte des haies et des buissons, le rossignol philomèle se rencontre aussi bien à la campagne que dans les parcs urbains. Son territoire est relativement restreint et sa vie se passe essentiellement à couvert, à terre ou jamais très loin du sol. Les insectes qu'il recherche en fouillant la litière composent la plus grande partie de son régime alimentaire. Il y ajoute quelques araignées, des vers de terre et des baies à la fin de l'été.

Nidification

La femelle construit seule son nid. Celui-ci, très difficile à découvrir, est presque toujours placé au sol, parfois un peu plus haut dans un buisson. Il se compose d'une volumineuse assise de feuilles mortes mêlées de brindilles sèches, au milieu de laquelle plonge une coupe assez profonde garnie d'éléments plus fins. En mai, la femelle y pond 5 œufs bruns ou vert olive qu'elle couve seule pendant 2 semaines.

Confusions possibles

On peut le confondre, lors d'une observation furtive, avec la bouscarle de Cetti qui fréquente les fourrés humides du bord des étangs, mais son chant est bien différent. Voir aussi les femelles des rougequeues, qui sont toutefois moins rousses.

Luscinia megarhynchos

ROUGEGORGE FAMILIER

Famille des Turdidés

Sa silhouette rondouillarde est caractéristique. Les adultes ont le dessus de la tête et le dos brun olivâtre. Un masque orange, frangé de gris-bleu, part du front et englobe les côtés de la tête et la poitrine. Les flancs offrent une coloration brun-olive plus pâle que celle du dos. Le ventre est blanchâtre. Les jeunes sont roussâtres, tachetés de brun sur le dos et la poitrine, sans plastron.

Dans toute la France, toute l'année, dans les jardins et les parcs.

Rondouillard et nerveux. Longueur : 14 cm.

Chant bucolique et sonore.

Nid bien dissimulé, fait de feuilles, de radicelles et de mousse.

Niche parfois dans un nichoir. Fréquente les mangeoires en hiver.

Mœurs

Le plastron orange et le chant constituent les deux armes dissuasives de l'espèce. Irascible, il ne tolère en effet aucun congénère sur son territoire. Même la femelle a du mal à se faire accepter! Le chant, bucolique, est plus fréquent en fin de journée et après une averse. C'est une succession de motifs brefs mais très sonores, assez difficiles à décrire mais faciles à reconnaître. Il se nourrit d'insectes et d'araignées, ajoutant des baies en automne et des graines en hiver.

Nidification

Il est silencieux dès qu'il a son nid. Celui-ci, bien dissimulé au revers d'un fossé, au pied d'un buisson, parfois dans un nichoir, dans un trou d'arbre ou sous un toit, forme une coupe assez profonde de radicelles, de feuilles et de mousse. Deux pontes annuelles, de 5-7 œufs blanchâtres, avec des points marron et gris, souvent parasitées par le coucou. Il abandonne facilement son nid s'il est dérangé!

Confusion possible

Il est impossible de confondre les adultes. Les jeunes sont plus difficiles à identifier (même silhouette rondouillarde).

Erithacus rubecula

ROUGEQUEUE À FRONT BLANC

Famille des Turdidés

Cet oiseau possède une silhouette élancée. Le mâle, très coloré, présente un bandeau blanc sur le front qui tranche avec le masque noir qui englobe les côtés de la tête et la gorge. La poitrine et les flancs sont orange vif, le ventre crème, le dos gris cendré. Il a les ailes brun-noir et la queue fauve. La femelle et les jeunes portent un manteau brun-gris, alors que le dessous varie du roussâtre au jaunâtre. Seule leur queue conserve une couleur feu.

D'avril à octobre, pratiquement dans toute la France, mais peu abondant.

Silhouette dressée ; agité de mouvements nerveux. Longueur : 14 cm.

Chant composé d'une phrase brève qui semble mourir dans son gosier.

Construction lâche de matériaux secs, avec une coupe plus soignée, garnie de plumes et de crins.

Niche volontiers dans un nichoir.

Mœurs

Le mâle ne fait rien pour passer inaperçu ; c'est même tout le contraire ! Perché sur un piquet ou le manche d'une bêche, il s'agite nerveusement. On le dirait monté sur ressorts. Son chant est une phrase brève, assez mélodieuse, qui semble se coincer dans son gosier en fin de course, mais que l'on reconnaît facilement. Son apparition correspond à celle des insectes dont il se nourrit. Il les poursuit en plein vol, après les avoir repérés du haut de son perchoir. Il mange aussi des baies à la fin de l'été.

Nidification

D'origine forestière, il niche dans les arbres creux, mais s'accommode fort bien d'un nichoir ou d'un trou de mur. Le nid est un amas lâche et grossier d'herbes et de mousse, avec une cuvette intérieure, plus soignée, garnie de plumes et de crins. Deux pontes annuelles de 5-7 œufs bleu-vert.

Confusion possible

La femelle et les jeunes sont difficiles à différencier de ceux du rougequeue noir ; ils sont néanmoins plus clairs que ces derniers.

Phœnicurus phœnicurus

ROUGEQUEUE NOIR

Famille des Turdidés

Le mâle paraît tout noir avec la queue rousse. En y regardant d'un peu plus près, le manteau, le ventre et les flancs sont un peu plus clairs que la tête et la poitrine. Les ailes portent une plage presque blanche. La femelle a le dos et la poitrine gris brunâtre, le ventre un peu plus clair et la queue également rousse. Les jeunes lui ressemblent, mais sont légèrement plus foncés.

De mars à octobre, dans toute la France. Commun dans les jardins, près des maisons.

Silhouette dressée. Agité de mouvements nerveux. Longueur : 14 cm.

Chant nasillard : *« tsitsitsiteri »*.

Construction lâche de matériaux secs, avec une coupe plus soignée, garnie de plumes et de crins.

Fréquente volontiers un nichoir.

Mœurs

Le surnom de ramoneur lui va comme un gant. Il nous revient dès mars. Peu farouche, il se perche, bien en vue, au faîte d'un mur, sur une cheminée ou une antenne de télévision, et lance, du matin au soir, sa strophe nasillarde : « tsitsitsiteri ». *C'est un chasseur d'insectes et il n'est pas rare de le voir papillonner au-dessus des pelouses avant de se jeter sur ses victimes. À l'automne, il ne dédaigne pas les baies du sureau ou celles de la vigne vierge.*

Nidification

Dans un trou de mur, sur une poutre, sous un hangar..., la femelle construit seule le nid ou restaure celui de l'année passée. C'est d'abord un amas lâche et grossier de mousse et d'herbes sèches, sur lequel s'ouvre une coupe mieux agencée, garnie de crins, de laine et de plumes. Les nichoirs sont les bienvenus. Les deux pontes annuelles, de 5-6 œufs blanc brillant, sont occasionnellement parasitées par le coucou.

Confusion possible

La femelle et les jeunes peuvent être confondus avec ceux du rougequeue à front blanc.

Phœnicurus ochruros

ROUSSEROLLE EFFARVATTE

Famille des Sylviidés

Son manteau d'un brun jaunâtre uniforme, légèrement teinté de roussâtre au niveau des ailes et du croupion, la rend très mimétique parmi les roseaux. Son ventre est blanchâtre, sa poitrine et ses flancs sont plus ou moins nuancés de roussâtre pâle. Son bec paraît plus puissant que celui des fauvettes terrestres, sa tête est à peine marquée par un sourcil plus clair. Les deux sexes sont identiques.

De la mi-avril à août, partout où elle trouve des sites favorables.

Silhouette typique des fauvettes. Longueur : 13 cm.

Son chant est un babil haché typique : « *tchrutchrutchrut, tchatchatchara, tiritiritiri...* ».

Accroche un nid d'herbes sèches aux cannes de roseaux, au-dessus de l'eau.

Mœurs

Elle vit dans les grandes roselières des marais et des étangs mêlés de saules, là ou l'eau est peu profonde. Elle sait aussi se contenter d'une zone plus modeste de roseaux au bord d'un fossé ou dans le méandre d'une rivière. Toujours en mouvement, elle est assez difficile à observer et c'est souvent grâce à son chant très particulier qu'on la repère. Elle se nourrit d'insectes (libellules, éphémères, tipules, papillons...) et d'araignées.

Nidification

De retour en avril, 2 semaines avant la femelle, le mâle prend possession d'un territoire. Très souvent parasité par le coucou, le nid est une petite corbeille conique d'herbes sèches tressée et suspendue entre les cannes de roseaux, au-dessus de l'eau. La femelle en assume seule la construction et y pond 4 œufs verdâtres tachés de brun olive et de gris. Le mâle participe modestement à la couvaison, qui dure une douzaine de jours.

Espèces voisines

La rousserolle turdoïde est nettement plus grosse (de la taille d'un étourneau) et plus localisée. La rousserolle verderolle, plus difficile à différencier, fréquente plutôt les prés humides que les roselières et ne se rencontre qu'au nord de la Seine, dans l'Est et les Alpes. Son chant rappelle celui de l'hypolaïs.

Acrocephalus scirpaceus

SARCELLE D'ÉTÉ

Famille des Anatidés

Elle est à peine plus grande que la sarcelle d'hiver. On repère le mâle à son long sourcil blanc qui se prolonge jusqu'à la nuque. Sa tête et sa poitrine sont brun vineux, ses flancs gris clair, plus ou moins striés de gris-bleu. Son dos brun s'orne de longues plumes arquées en faucille qui retombent sur ses flancs. La femelle se distingue par sa gorge très blanche, son sourcil pâle et son miroir vert.

Notée de mars à octobre. Niche un peu partout dans le pays, mais jamais en très forte densité.

Petit canard, à peine plus fort que la sarcelle d'hiver. Longueur : 32 à 36 cm.

Au printemps, le mâle émet un son de crécelle caractéristique : « *klrrrrrrrb* ».

Nid bien dissimulé dans une touffe de laîche entourée d'eau, dans une prairie ou une lande.

Mœurs

De retour en mars, elle fréquente les marais, les baies peu profondes et surtout les étangs, où elle recherche les zones à laîche et à glycérie. Assez éclectique dans son régime alimentaire, elle consomme des graines de graminées, des lentilles d'eau, mais aussi de nombreux insectes aquatiques et leurs larves, des mollusques et de petits crustacés.

Nidification

La femelle dissimule son nid dans une touffe de laîche entourée d'eau, très souvent aussi sur un terrain sec, dans une prairie ou une lande, à une certaine distance d'un étang ou d'une mare. Elle façonne, sous la surveillance du mâle, une coupe d'herbes sèches et de feuilles où elle pond, à la mi-avril, une dizaine d'œufs jaune ocre pâle qu'elle entoure de duvets et couve seule une bonne vingtaine de jours.

Confusions possibles

La sarcelle d'hiver est à peine plus petite. En plumage nuptial, la différenciation des mâles ne pose pas de problème ; celle des femelles est plus délicate. La sarcelle d'hiver est un peu plus sombre, avec une gorge moins blanche et un sourcil peu marqué. En vol, la sarcelle d'été révèle des couvertures alaires bleu ciel, très claires, et un miroir vert largement bordé de blanc.

Anas querquedula

SARCELLE D'HIVER

Famille des Anatidés

C'est le plus petit de nos canards. Le mâle a le corps gris, ponctué de noirâtre sur la poitrine et marqué par une raie blanche sur les flancs. Son croupion noir porte de chaque côté un triangle jaune bien visible. Sa tête brun-rouge foncé s'orne de deux bandeaux verts liserés de jaune qui naissent en avant des yeux. La femelle, un peu plus petite que le mâle, est d'un brun assez sombre.

Visible toute l'année. Niche surtout dans la moitié nord-ouest du pays.

Le plus petit de nos canards. Longueur : 30 à 33 cm.

Le mâle lance un « *krruîc* » roulant et net, un peu sifflé.

Nid bien dissimulé dans la végétation de la queue d'un étang, ou sous une bruyère à quelque distance de l'eau.

Mœurs

On la rencontre dans les marais côtiers, mais elle montre un net penchant pour les régions d'étangs où elle recherche des petits plans d'eau forestiers, souvent peu profonds, envahis par les saules. Son régime alimentaire est assez éclectique. Elle consomme des graines de graminées, des insectes aquatiques et leurs larves, des crustacés et des mollusques.

Nidification

La femelle dissimule son nid dans la souche d'un saule, dans une touffe de carex au milieu d'un marais, mais aussi très souvent dans une lande à bruyère ou dans un bois, à peu de distance d'un étang. La femelle arrange quelques herbes ou des feuilles mortes, puis pond, vers la fin avril ou en mai, 8 à 10 œufs ivoire crème qu'elle enveloppe de duvets et couve seule pendant une vingtaine de jours.

Confusions possibles

La femelle peut être facilement confondue avec la sarcelle d'été, qui est toutefois un peu plus forte, avec une gorge plus blanche et un sourcil bien net. En vol, la sarcelle d'hiver paraît toujours un peu plus sombre.

Anas crecca

SERIN CINI

Famille des Fringillidés

Sa silhouette rondouillarde cache un oiseau petit, presque fragile. Le mâle a la tête et la poitrine d'un jaune verdâtre plus ou moins strié de brun-noir (alors que la nuque et le croupion sont unis), les joues verdâtres, bien marquées, le ventre blanchâtre et les flancs largement striés de roussâtre. Le manteau, brun jaunâtre, est rayé de brun sombre. La queue, brun-noir, est légèrement échancrée. La femelle et les jeunes ressemblent au mâle, mais en plus terne.

De mars à novembre (toute l'année dans le Midi). Commun dans les parcs et jardins.

Silhouette rondouillarde. Longueur : 11,5 cm.

Long chant mélodieux, qui rappelle celui du canari, mais en beaucoup plus fin.

Petite coupe soignée et profonde de radicelles, avec de la mousse, du lichen et des toiles d'araignées.

Fréquente occasionnellement les mangeoires.

Mœurs

Dès son retour, en mars, le mâle se met à chanter, affirmant ainsi la prise de contrôle d'un territoire. Son chant est une longue strophe ininterrompue, d'une dizaine de secondes, souvent émise lors d'un vol nuptial papillonnant ou depuis un perchoir. Le reste du temps, ce petit passereau mimétique passe facilement inaperçu. Il épluche avec délicatesse les graminées pour en extraire les graines.

Nidification

Le nid est à l'image de son propriétaire : tout en finesse. C'est la femelle qui s'acquitte seule de la construction de cette petite coupe de radicelles, assez profonde, parfois garnie de mousse, de lichens et renforcée par des toiles d'araignées. Tapissé à l'intérieur d'un matelas de plumes, il est situé à l'extrémité d'une branche, souvent à grande hauteur. Deux pontes annuelles de 4-5 œufs blanc bleuâtre, avec des ponctuations brunes et marron.

Confusions possibles

En hiver, on peut le confondre avec le tarin des aulnes, plus jaune ; le mâle a un front noir typique et évolue toujours en bande. Voir aussi le verdier d'Europe.

Serinus serinus

SITTELLE TORCHEPOT

Famille des Sittidés

Elle présente une silhouette et des couleurs caractéristiques : dessus bleu-gris, tête traversée par un bandeau noir qui part du bec, intègre l'œil et rejoint le cou, gorge blanche, ventre orange roussâtre, marqué de brun sur les flancs. La queue courte, gris-bleu, est soulignée de blanc. Elle est pourvue d'un bec robuste, légèrement retroussé. La femelle a un plumage identique, mais un bandeau noir moins large, les jeunes sont plus ternes.

Toute l'année, dans toute la France. Commune dans les parcs.

Silhouette ramassée, avec une queue courte et un bec robuste, légèrement retroussé. Longueur : 14 cm.

Sifflements puissants caractéristiques : *« tuit-tuit-tuit ».*

S'établit dans le trou d'un arbre, souvent un ancien nid de pic, dont elle maçonne l'entrée.

Niche volontiers dans un nichoir. Fréquente assidûment les mangeoires en hiver.

Mœurs

Ses vigoureux sifflements, « tuit-tuit-tuit », *dénoncent souvent sa présence dans les arbres qu'elle parcourt dans tous les sens, collée au tronc, la tête en bas. Ses explorations lui permettent de dénicher quantité d'insectes, mais aussi des fruits et des graines. Comme les pics, elle utilise une forge pour briser les coquilles récalcitrantes. En hiver, elle s'associe volontiers aux bandes de mésanges et, comme elles, fréquente avec assiduité les mangeoires.*

Nidification

Elle choisit une cavité dans un arbre, un nichoir, souvent une ancienne loge de pic dont elle maçonne soigneusement l'entrée — d'où le nom de torchepot — afin de ne laisser qu'un trou d'accès à sa dimension. Cette maçonnerie très dure peut tenir des années ! Le trou choisi est souvent à grande hauteur. La ponte annuelle de 6-8 œufs blancs, ponctués de marron, est déposée sur une litière d'écorces.

Confusion possible

Compte tenu de sa taille, de sa silhouette et de ses couleurs, on ne peut guère la confondre avec une autre espèce.

Sitta europaea

STERNE NAINE

Famille des Sternidés

On la reconnaît à sa petite taille, mais aussi à son front blanc s'étendant en V jusqu'au-dessus des yeux, cerné par un sourcil et une calotte noirs. Son bec jaune se termine par une pointe noire. Son manteau est gris clair, tandis que ses dessous et sa queue sont blancs. Son vol pressé met en évidence la partie noire de ses rémiges externes. Les deux sexes sont identiques.

Notée de mars à octobre. Niche au fil de la Loire et de l'Allier, ici et là au bord de la Méditerranée.

À peine plus grande qu'un martinet. Longueur : 22 à 24 cm.

Cris durs et perçants : *« wètt, krrè-ik...trr ».*

Niche à même le sol, sur un banc de sable dénudé.

Mœurs

Elle nous revient de ses quartiers africains à partir d'avril. Moins sociable que les autres espèces, elle ne forme souvent que de petits groupes. Très active, ne s'accordant que peu de périodes de repos, elle se nourrit de petits poissons qu'elle repère en vol et sur lesquels elle fond par surprise. Elle attrape également des insectes aquatiques, ainsi que des petits crustacés et des mollusques.

Nidification

Inféodée à la Loire et à l'Allier, elle niche à la faveur des bancs de sable dénudés. Le mâle creuse à terre plusieurs cuvettes avec son corps et ses pattes, puis invite la femelle à choisir l'une d'entre elles. En mai ou en juin, elle y dépose 3 œufs jaunâtres à bleuâtre clair, maculés de brun-noir et de violacé, qu'elle couve avec son compagnon pendant 3 semaines. Si une crue intervient, elle entame une autre couvée.

Espèces voisines

Compte tenu de sa taille et de la couleur de son bec, elle peut difficilement être confondue avec une autre espèce. La sterne pierregarin, qui fréquente les mêmes milieux, est plus forte, avec un bec rouge et noir.

Sterna albifrons

STERNE PIERREGARIN

Famille des Sternidés

Avec ses longues ailes effilées et sa queue blanche, largement échancrée, elle fait penser à l'hirondelle rustique. Son manteau est gris-bleu avec le bas du dos blanc. Ses joues sont blanches, sa poitrine et son ventre gris-mauve pâle. Sa tête s'orne d'une calotte noire qui s'étend du front jusqu'à la nuque. Son bec, rouge vif comme ses pattes, se termine par une pointe noire. Les deux sexes sont identiques.

De fin mars à septembre. Niche sur le littoral atlantique et méditerranéen, au fil de la Loire et de l'Allier, sur le Rhin.

Silhouette évoquant une grande hirondelle blanche. Longueur : 34 à 36 cm, envergure : 73 à 77 cm.

Cris aigres, « *ki-èrr* », mêlés de cris d'excitation : « *kik kik kik kirrikirrikirri* ».

Niche au sol, sur un banc de sable, un rocher ou dans les dunes, souvent en colonie.

Mœurs

Cette espèce grégaire fréquente, au passage, les eaux côtières et les eaux peu profondes des étangs ou des lacs, mais remonte aussi les fleuves. On a rarement l'occasion de la voir nager, tandis qu'on l'observe souvent sur un piquet ou un banc de sable. Elle pêche en vol des petits poissons, des insectes et leurs larves, ainsi que des mollusques et des crustacés.

Nidification

Elle niche au sol, sur une dune, un rocher ou un banc de sable, en colonie plus ou moins importante. Le nid est une simple petite cuvette grattée dans le sol, parfois garnie de brindilles, de plumes, voire de crottes de lapin. En mai, la femelle pond 3 œufs vert olive, tachés de brun foncé et de gris violacé, qu'elle couve avec son compagnon pendant une vingtaine de jours.

Espèces voisines

La sterne de Dougall lui ressemble beaucoup. Elle paraît toutefois plus blanche avec une queue plus fourchue et plus longue. Elle niche uniquement en Bretagne. Voir aussi la sterne naine.

Sterna hirundo

TARIER PÂTRE

Famille des Turdidés

Le mâle arbore un manteau sombre, presque noir, marqué par un petit miroir blanc. Le noir de sa tête et de sa gorge contraste nettement avec la large tache blanche qui orne les côtés de son cou. Sa poitrine et ses flancs roux orangé encadrent un ventre crème. La femelle présente un manteau un peu moins sombre, avec la poitrine et le ventre moins roux et les côtés du cou jaunâtres.

S'observe toute l'année dans tout le pays, mais très rare dans la moitié nord-est du pays en hiver.

Plus petit qu'un moineau, avec le bec pointu. Agité de tics nerveux. Longueur : 12 cm.

Lance en permanence des cris durs et brefs, « *trac-trac* ».

Construit son nid au sol, bien dissimulé sous les herbes.

Mœurs

Le mâle est très souvent perché sur les fils électriques le long de routes, mais les voyageurs pressés que nous sommes devenus ne lui prêtent pas souvent attention. Ses ailes et sa queue sont agitées en permanence de mouvements saccadés. De ses perchoirs, il se précipite sur les insectes qui passent à sa portée, les cueillant souvent en plein vol.

Nidification

Il affectionne les terrains ensoleillés et incultes, parcourus de buissons. La femelle bâtit son nid en assemblant grossièrement des feuilles sèches et de la mousse. La coupe profonde est plus soignée. Bien dissimulé sous la végétation, ce nid reçoit 5 ou 6 œufs vert bleuâtre pâle, finement ponctués de rougeâtre ou de brun pâle. La femelle les couve seule pendant 2 semaines et effectue généralement une seconde couvée.

Espèces voisines

Le tarier des prés est moins contrasté. Son manteau est brun et ses dessous blanc crème teintés de roux. Mâle et femelle ont un sourcil clair bien visible. Nettement plus grand, le mâle du traquet motteux a le dos et une calotte gris bleuté, un large bandeau noir sur l'œil et le bas du dos blanc. Sa femelle est dans des tons brun-beige.

Saxicola torquata

TOURTERELLE DES BOIS

Famille des Columbidés

Avec son manteau brun, largement écaillé de bordures fauves, on la reconnaît assez facilement. Sa tête et son cou sont gris, avec des barres noires et blanches de chaque côté et une gorge nuancée de rose. Sa poitrine est d'un beau roux vineux tandis que son ventre et ses sous-caudales sont blancs. Sa queue noire se termine par une barre blanche. La femelle arbore un plumage un peu moins vif que le mâle.

S'observe de mi-avril à fin octobre dans toute la France.

Plus fine qu'un pigeon. Longueur : 28 cm.

Son chant est une strophe douce et roulée, répétée plusieurs fois de suite : « *crrouou, crrouou, crrouou* ».

Nid de brindilles assez sommaire, souvent dans une haie.

Mœurs

Elle nous revient en avril et recherche alors des régions semi-ouvertes avec des points d'eau, des haies et des bois de feuillus. Elle s'installe volontiers dans les grands parcs et les vergers tranquilles. Sa nourriture se compose essentiellement des graines des plantes que l'on désigne sous le terme générique de mauvaises herbes. À l'occasion, elle glane aussi quelques baies, voire des insectes. Rendue farouche par les chasseurs, elle ne se laisse guère approcher.

Nidification

À l'issue de parades nuptiales assez démonstratives du mâle, le couple assemble une plate-forme sommaire de brindilles, souvent à faible hauteur dans une haie. La femelle y dépose 2 œufs blanc pur qu'elle couve pendant 2 semaines, relayée de temps à autre par le mâle. Les jeunes, nourris par le dégorgement d'une pâtée de graines broyées, quittent le nid au bout d'un mois.

Confusions possibles

La tourterelle turque a un manteau plus uni et plus clair.

Streptopelia turtur

TOURTERELLE TURQUE

Famille des Columbidés

Elle ressemble beaucoup à la tourterelle domestique. La tête et le cou sont gris brunâtre rosé. Un demi-collier noir bordé de blanchâtre orne l'arrière du cou. Le dessus est brun-gris isabelle, alors que le dessous, plus pâle, beige rosé, devient presque blanc à la gorge. En vol, l'extrémité des ailes apparaît brun-noir. La queue est brun sombre à la base, blanche à l'extrémité. Les jeunes sont légèrement plus sombres que les adultes.

Toute l'année, commune dans une large moitié nord de la France, nettement plus rare au sud.

Plus fine qu'un pigeon. Longueur : 28 cm.

Chant sur trois notes : *« cou-coûh-cou ».*

Nid sommaire de brindilles, dans un arbre ou sur un bâtiment.

Mœurs

Perchée bien en vue, souvent en groupe, elle s'observe facilement ; peu farouche, elle ne s'éloigne jamais bien loin des habitations. Opportuniste, elle glane sa nourriture (graines et jeunes pousses) au sol. Le chant se compose de trois notes « cou-coûh-cou », *répétées en séries monotones. Le mâle effectue aussi de nombreux vols territoriaux, avec claquements d'ailes à l'appui, pour attirer sa femelle et éloigner ses pairs.*

Nidification

Le mâle récupère et transporte des branchettes que la femelle se charge d'arranger en une petite plate-forme qui tient lieu de nid. Plus ou moins bien dissimulée dans un buisson, à la fourche d'un arbre ou dans une gouttière par exemple, rarement en dessous de 2 m, elle est réutilisée plusieurs fois dans la saison. Trois à quatre pontes annuelles de 2 œufs blanc pur, brillants.

Confusions possibles

On peut la confondre avec la tourterelle domestique, nettement plus claire. La tourterelle des bois (Streptopelia turtur), *forestière et présente seulement l'été, est plus fine, plus sombre, sans collier.*

Streptopelia decaocto

TROGLODYTE MIGNON

Famille des Troglodytidés

Cette minuscule boule de plumes brunes porte une petite queue dressée. De plus près, le dos et les ailes sont brun roussâtre, plus ou moins zébrés de noir, notamment sur les ailes et le croupion. Le dessous varie du blanchâtre au brunâtre, et est barré transversalement au ventre et aux flancs. La queue roussâtre porte des barres brun foncé. Les jeunes sont pratiquement impossibles à distinguer des adultes.

Toute l'année, dans toute la France. Très commun dans les parcs et les jardins.

Le plus petit oiseau brun de notre pays. Silhouette typique. Longueur : 9,5 cm (environ 9 g !).

Voix disproportionnée avec la taille ; le chant rappelle celui du canari.

Grosse boule de mousse caractéristique, avec une entrée latérale.

Mœurs

Il ne tient pas en place, toujours au ras du sol, dissimulé dans les buissons, fouillant avec méthode les tas de bois. Il se nourrit d'insectes et surtout de petites araignées. Le timbre puissant de sa voix contraste avec sa taille de lilliputien ; le chant, entrecoupé de sifflets stridents et de trilles soutenus, rappelle celui du canari (en plus métallique).

Nidification

Le nid est caractéristique : une grosse boule de mousse verte avec une petite entrée latérale. L'oiseau y ajoute, selon les opportunités, des feuilles, des pelures d'oignon, de la fougère... L'intérieur est tapissé de plumes. Dissimulé dans les endroits les plus divers (lierre, cabane de jardin...), on le trouve entre 0,50 et 2 m de haut. Deux à trois pontes annuelles de 5-7 œufs blancs, ponctués de petits points marron.

Confusions possibles

Le roitelet huppé, de taille voisine, est plus forestier : il se tient à grande hauteur dans les conifères ; son plumage jaune-vert s'orne d'une calotte jaune vif sur la tête. Voir aussi les pouillots, plutôt verdâtres.

Troglodytes troglodytes

VANNEAU HUPPÉ

Famille des Charadriidés

On reconnaît cet échassier à son manteau vert sombre traversé de reflets verts et pourpres. Ses joues blanches sont marquées par une bride noire à l'arrière de l'œil, sa tête est coiffée par une calotte noire qui se prolonge en huppe sur la nuque. Son ventre est blanc avec des sous-caudales rousses et sa poitrine porte un large plastron noir ; chez la femelle, le plastron est moins étendu et la huppe plus courte. En vol, ses ailes rondes offrent un contraste blanc et noir typique.

On peut l'observer à peu près partout en hiver. Niche dans les 2/3 nord du pays.

Silhouette typique d'échassier, avec un bec assez court. Longueur : 30 cm.

Lance un appel sifflé, « *pievouît* », et lors de ses parades nuptiales des « *pirouit-ouit-ouit...* ».

Niche dans les champs et les prairies, dans un nid sommaire, à même le sol.

Mœurs

Il affectionne les champs et les prairies humides qu'il anime de ses sifflements. Il se nourrit de vers de terre, d'insectes et de leurs larves, d'araignées et de mollusques (limaces et escargots), mais aussi de morceaux de plantes et de graines, notamment de céréales. Très sociable, il forme de grandes bandes l'hiver où se mêle parfois le pluvier doré.

Nidification

Ses parades nuptiales sont ponctuées de démonstrations aériennes spectaculaires. La femelle arrange, au sol, un nid sommaire de brindilles autour d'une petite dépression qu'elle creuse avec son corps. Elle y pond 4 œufs brun jaunâtre ou brun olivâtre, semés de nombreuses taches noires, que les deux adultes couvent à tour de rôle pendant près d'un mois. Les jeunes quittent le nid peu de temps après l'éclosion et se dissimulent dans la végétation alentour. Ils ne volent que 5 semaines plus tard.

Confusions possibles

Compte tenu de sa taille, de sa huppe et de son vol très souple, cette espèce est pratiquement impossible à confondre avec une autre.

Vanellus vanellus

VERDIER D'EUROPE

Famille des Fringillidés

Voici un oiseau robuste! Le mâle a le dessus vert olive brunâtre, plus jaune au croupion. Côtés de la tête et flancs sont gris-vert brunâtre, le dessous vert jaunâtre, lavé de gris au ventre. La queue, légèrement échancrée, brun sombre, porte une tache jaune de chaque côté. En vol, l'aile révèle une large plage jaune qui forme juste un liseré lorsque l'oiseau est posé. La femelle et les jeunes sont plus ternes.

Dans toute la France, sédentaire et commun dans les jardins.

Silhouette robuste. Longueur : 14,5 cm.

Voix nasillarde. Le chant est un trille monotone répété avec application.

Nid de brindilles et de mousse, bien caché, garni de crins et de plumes.

Fréquente les mangeoires en hiver.

Mœurs

Sa couleur le dissimule à merveille dans les feuillages et les herbes. L'hiver, c'est souvent en petit groupe, en compagnie d'autres espèces, qu'il fourrage au sol, à la recherche des graines. Assez peu farouche, il se laisse approcher jusqu'à une certaine distance, puis lance un « thui » *étonné qui précède l'envol. Le chant est un trille assez monotone, répété avec application depuis un perchoir.*

Nidification

La femelle construit un nid assez solide avec des brindilles et de la mousse, souvent à 1 ou 2 m, parfois plus haut, généralement bien dissimulé dans un jeune conifère, une haie de thuya... L'intérieur de la coupe est garni de radicelles, de crins et de plumes. Deux pontes annuelles de 4-6 œufs blanc bleuâtre, avec des taches marron et rousses.

Confusions possibles

En hiver, on peut le confondre avec le tarin des aulnes (Carduelis spinus), *qui visite les jardins. Voir aussi le serin cini, beaucoup plus petit, plus jaune que vert, avec le ventre blanc.*

Carduelis chloris

AIDER ET PROTÉGER LES OISEAUX

DES JARDINS ET DES PARCS ACCUEILLANTS

Il suffit souvent de choses simples et d'un peu de bon sens pour que les oiseaux se trouvent bien dans les jardins, potagers, parcs et vergers. En premier lieu, pour que les oiseaux se plaisent près des habitations, ils doivent y bénéficier d'une certaine sécurité. Aussi faut-il se convaincre que la présence des chats est un facteur défavorable. Si donc vous avez un chat, il conviendra de vous entourer de quelques précautions pour que vos efforts en faveur des oiseaux ne se retournent pas contre eux.

Pour que votre jardin soit accueillant, les oiseaux doivent avoir la possibilité de s'y nourrir toute l'année. Les haies d'arbustes produisant des fruits sauvages de la fin de l'été jusqu'au cœur de l'hiver sont très appréciées. Notez qu'elles sont d'ailleurs souvent plus décoratives que les haies standardisées et glauques de thuyas. Veillez à diversifier les essences et sachez que, le moment venu, ces haies fourniront aussi de bons sites de nidification. Pensez également qu'au printemps, la plu-

QUELQUES VÉGÉTAUX DONT LES FRUITS OU LES GRAINES SONT APPRÉCIÉS DES OISEAUX

Aubépine	Houx	Tournesol
Viorne obier	Épicéa	Romarin
Viorne lantane	Noisetier	Primevère
Sureau noir	Cornouiller sanguin	Cardère sauvage
Églantier	Capucine	Grande ortie
Framboisier	Coquelicot	Réséda
Prunellier	Lavande	Pervenche
Aulne	Lupin	Myosotis
Argousier	Marjolaine	Giroflée
Sorbier des oiseaux	Origan	Pétunia
Chèvrefeuille	Thym	Valériane
Lierre	Œillet	Séneçon
Vigne vierge	Bleuet	Pissenlit

part des oiseaux se nourrissent d'insectes, indispensables sources de protéines, notamment pour l'élevage des jeunes. Seuls quelques granivores purs et durs recherchent les éléments nutritifs dont ils ont besoin dans les graines en lait des graminées – chiendents et consorts qu'on s'acharne à brûler avec des herbicides... Combien de superbes jardins deviennent-ils stériles par les traitements chimiques dont ils sont l'objet ? Souvenez-vous que pesticides, herbicides, fongicides ou acaricides sont aussi bien souvent, directement ou indirectement, des « ornithocides » ! Ils ne sont d'ailleurs guère meilleurs pour notre propre santé. Dès lors, interrogez-vous sur la nécessité d'user de ces produits. À défaut de vous convertir immédiatement au jardinage biologique, ce qui reste malgré tout la meilleure solution, recherchez dès à présent des produits moins toxiques. Il en existe et ils seront d'autant plus abondants sur le marché que les consommateurs l'exigeront. Conservez quelques espaces de nature sauvage dans votre parc ou votre jardin. Ils seront réservés à la faune et la flore sauvages, et gageons qu'ils pourront aussi faire montre d'un certain esthétisme. Notez enfin qu'un tas de compost est un haut lieu d'alimentation pour de nombreux oiseaux qui viennent y chercher vers, cloportes et insectes toute l'année.

Les mangeoires

La mise en place de mangeoires dans les parcs et les jardins peut, dans certaines conditions, aider les oiseaux à passer la période hivernale. En accédant plus facilement à une nourriture très énergétique, ils luttent en effet plus efficacement contre le froid. Cela est particulièrement vrai par temps de neige, alors qu'ils ont beaucoup de mal à s'alimenter. Par ailleurs, c'est un excellent moyen pour apprendre à les reconnaître. Mais attention aux chats !

Il existe plusieurs types de mangeoires. Pour ma part, je préconise la mangeoire trémie ou le plateau avec un toit. L'une et l'autre sont faciles à réaliser. Utilisez du bois rustique ou du contre-plaqué marine qui résisteront mieux aux intempéries. Placez votre mangeoire dans un endroit tranquille ; vous pourrez la surveiller depuis votre fenêtre, sans être vu. Garnissez-la avec des céréales : tournesol, chanvre, orge, millet, flocons d'avoine, maïs..., en veillant à ce qu'elle soit alimentée régulièrement. On trouve dans le commerce, notamment chez les grainetiers ou les marchands d'articles de jardin, des mélanges « tous oiseaux » bien adaptés. Le nourrissage doit débuter vers la mi-octobre et se terminer au plus tard à Pâques. Ne le prolongez pas au-delà afin

Différents modèles de mangeoires

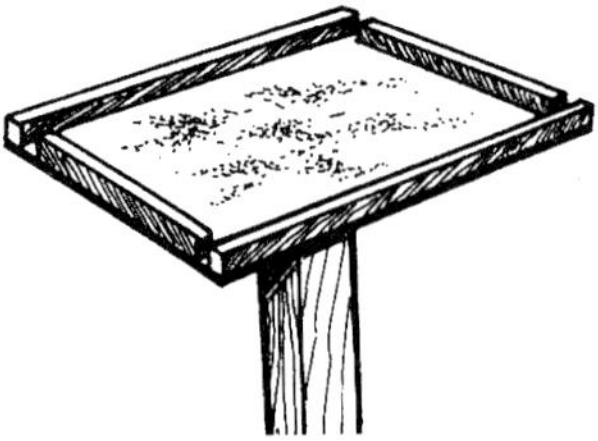

Mangeoire fixée sur un piquet

Mangeoire fixée sur un rebord de fenêtre

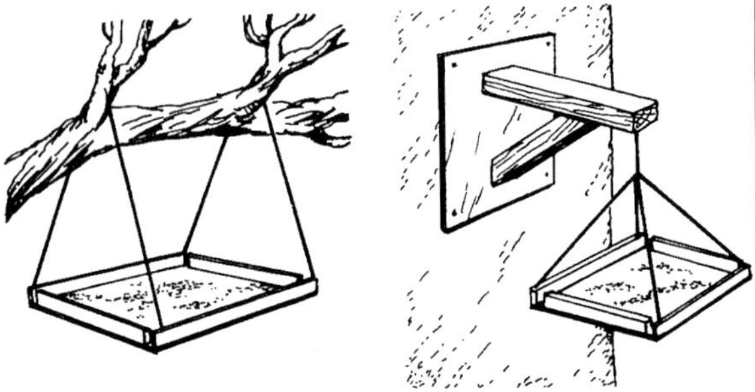

Mangeoires suspendues à une branche ou une potence

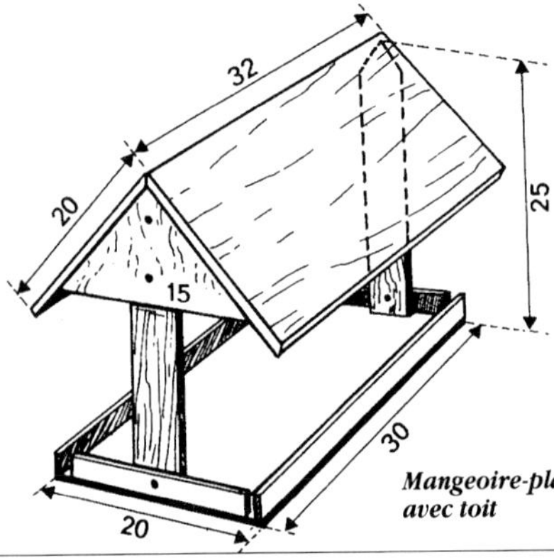

Mangeoire-plateau avec toit

OFFREZ-LEUR DE L'EAU

On n'y pense pas toujours, mais les oiseaux ont besoin de boire et de se baigner très souvent. Aussi la présence d'un bassin peu profond (10 cm maximum) est-elle très attractive pour eux. À défaut, le couvercle retourné d'une poubelle, le fond découpé d'un seau ou même un vieux plat en grès peuvent convenir. En hiver, les oiseaux apprécient tout particulièrement de trouver de l'eau, notamment s'il gèle. Pour éviter que votre mini-bassin ne soit pris par les glaces, ne mélangez surtout pas l'eau avec de l'alcool, de la glycérine ou, pire, de l'antigel. Contentez-vous de l'agiter de temps à autre. Vous pouvez aussi peindre le fond en noir, ce qui lui permettra de mieux capter et de conserver la chaleur du soleil, si bien entendu vous ne l'avez pas placé à l'ombre. Changez l'eau tous les deux ou trois jours.

de ne pas habituer les oiseaux à cette trop grande facilité qui risquerait de les fragiliser dans l'avenir. Les fruits secs (arachides, noix et noisettes) sont aussi les bienvenus. Placez-les dans des petits filets que vous suspendrez dans les branches. Vous pouvez également préparer des pains de graisse végétale, mêlés ou non de graines. Faciles à accrocher, ils trouveront vite des amateurs. Les couennes de jambon non salées (impératif) sont également appréciées, de même que les croûtes de fromage.

Pain de graisse mêlé de graines.

Nids et nichoirs

Nombre d'oiseaux font leur nid dans les haies et les buissons. Vous pouvez leur faciliter la tâche en diversifiant les plantations, mais ne compromettez pas vos efforts en entreprenant de taillez vos haies en pleine période de couvaison : début mars, vous devrez avoir fini de tailler. Hormis les haies, les pans de mur ou les treilles garnis de lierre, de vigne vierge ou de glycine sont également des emplacements privi-

Différents modèles de nichoirs

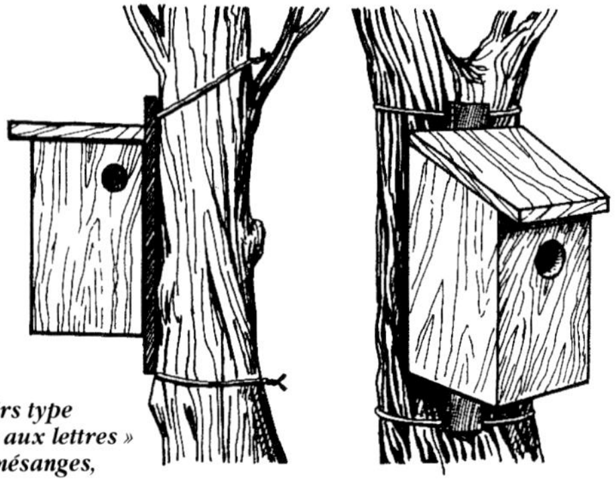

Nichoirs type « boîte aux lettres » pour mésanges, moineau domestique, sittelle torchepot...

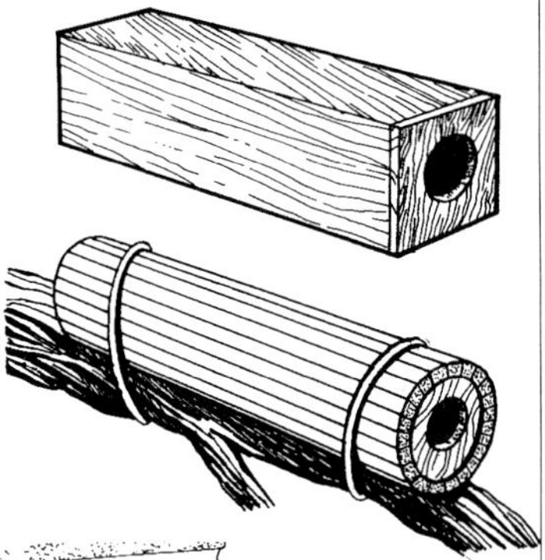

Nichoirs pour chouette chevêche et chouette hulotte

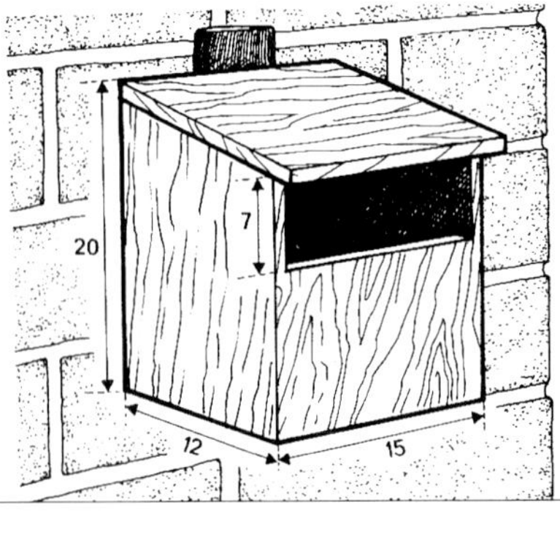

Nichoir semi-ouvert pour bergeronnette grise, rougequeue noir, troglodyte mignon, rougegorge familier

L'UNION NATIONALE DES CENTRES DE SAUVEGARDE DE LA FAUNE SAUVAGE* (UNCS)
***agréés par le ministère de l'Environnement**

Pour connaître l'adresse du centre de sauvegarde le plus proche de votre domicile et obtenir des renseignements sur la conduite à tenir lorsque vous recueillez un oiseau blessé (ou tout autre animal sauvage), selon la région où vous habitez, téléphonez à l'un des quatre numéros suivants :
Sud-Ouest : tél. 53 79 65 95
Sud-Est : tél. 75 08 41 41
Nord-Ouest : tél. 35 96 06 54
Nord-Est : tél. 86 97 83 42
Union nationale des centres de sauvegarde de la faune sauvage
6, rue des Gombards - 89100 Fontaine-la-Gaillarde
Tél. (avec répondeur) 86 97 86 05
Minitel 3615 code NATUR, puis UNCS

légiés pour la construction des nids. Les arbres fruitiers sont aussi recherchés, y compris ceux qui sont un peu vermoulus ou marqués de trous. Ils accueillent alors des espèces cavernicoles. Enfin, souvenez-vous que beaucoup d'oiseaux abandonnent très facilement leur couvée lorsque leur nid est découvert et qu'ils se sentent de ce fait menacés. Aussi, contentez-vous d'observer à distance les allées et venues des adultes qui viennent ravitailler leurs jeunes. Dans le même esprit, la photographie des oiseaux au nid est à proscrire. Si vous êtes un passionné de photos, installez plutôt des affûts près des mangeoires. Vous pourrez en outre saisir des comportements beaucoup plus intéressants.

La pose de nichoirs dans les parcs et les jardins peut se révéler fort utile. Il existe de nombreux modèles mis au point par les associations, pratiquement un par espèce. La plupart sont faciles à réaliser, même par un piètre bricoleur. Utilisez de préférence du bois brut, non raboté, dont vous protégerez l'extérieur avec de l'huile de lin. Si vous décidez d'acheter vos nichoirs dans le commerce, évitez les gadgets et misez sur du matériel solide. Installez vos nichoirs dès l'automne, car les oiseaux explorent très tôt leurs sites potentiels de nidification. Choisissez une hauteur convenable entre 2 et 3 m (jamais à moins de 1,50 m) sur un tronc lisse, sans branche latérale à proximité, pour ne pas faciliter la tâche d'éventuels prédateurs. Évitez les peupliers trop fragiles, les jeunes sapins aux branches latérales nombreuses et les

CRÉER UN REFUGE LPO

Vous êtes propriétaire ou locataire d'un coin de nature en milieu rural ou urbain ? Il peut s'agir d'un parc, d'un jardin, d'un bois, d'un champs, d'un étang ou d'un morceau de garrigue... Vous êtes désireux de participer concrètement à la protection des oiseaux ? Alors vous pouvez créer un refuge LPO. Pour cela, il vous suffit simplement d'adhérer à l'association et à l'esprit de la charte qu'elle propose. Celle-ci vous sera adressée sur simple demande. Elle prévoit notamment l'interdiction de la chasse et une limitation de la pêche hors des périodes de reproduction des poissons, enfin une gestion qui permette de conserver les grands équilibres biologiques du site. La LPO s'engage à vous apporter toute information utile pour l'aménagement de votre refuge.

hêtres dont le tronc est souvent humide. Les nichoirs ne doivent pas être exposés en plein soleil, ni à l'ombre complète. Utilisez des fils de fer gainés de plastique (ou des fils électriques) et des cales de bois pour les accrocher sans blesser l'arbre. Pour décourager les chats, deux rangées de fils barbelés ou des branches de houx plaquées sur le tronc 15 cm plus bas suffiront. N'orientez pas le trou d'entrée face aux vents et aux pluies dominants. En général, l'orientation est/sud-est est idéale. Nettoyez vos nichoirs à la fin de l'hiver en enlevant tous les matériaux accumulés.

S.O.S. oiseaux blessés

On est souvent désemparé en trouvant au printemps un jeune oiseau, à peine emplumé et volant mal, tombé du nid. La plus grande erreur consiste à le recueillir et à tenter de l'élever, pensant qu'il est abandonné par ses parents. Rares sont ceux qui survivent à ce traitement... En fait, sachez que beaucoup de jeunes passereaux quittent leur nid avant de savoir voler. Et si vous n'arrivez pas à apercevoir les parents, c'est simplement que ceux-ci restent à dessein très discrets pour ne pas révéler la présence de leurs rejetons. La seule chose à faire est donc de ne pas intervenir et de surveiller les chats des environs.

Beaucoup d'oiseaux s'assomment contre les baies vitrées au printemps. Croyant voir un superbe jardin où la voie est dégagée, l'animal s'élance et heurte la belle surface lisse que vous venez d'astiquer. Si la collision ne lui a pas été fatale, il suffit de le placer dans une boîte en carton, à l'ombre, et de le laisser se remettre de ses émotions. N'allez pas constamment le visiter, le stress ajouté au choc lui serait fatal.

Après une heure ou deux de repos, il aura sans doute retrouvé ses esprits et vous pourrez le relâcher dans un endroit tranquille. Pour éviter que cette mauvaise aventure ne se reproduise, collez un ou deux autocollants représentant une silhouette de rapace (en vente dans les associations) sur vos baies vitrées.

Les accidents les plus nombreux restent malgré tout provoqués par la circulation routière, les collisions avec les fils électriques et autres lignes à haute tension, et les « chasseurs » qui tirent sur tout ce qui bouge. Mais dans ce dernier cas, faut-il parler d'accident ? Quoi qu'il en soit, lorsque vous trouvez un oiseau blessé, la première des choses à faire est d'éviter de le stresser. Tentez de le capturer en douceur et de l'immobiliser, par exemple dans un torchon. Placez-le dans un endroit sombre, le mieux étant de l'installer dans une boîte en carton aérée, à l'abri de la lumière, dans un endroit bien ventilé. Téléphonez ensuite sans retard au centre de sauvegarde de la faune sauvage le plus proche de votre domicile, qui vous donnera les consignes à suivre. Sachez en effet que, la plupart des oiseaux étant protégés, vous n'avez pas le droit de les retenir captifs (même blessés), ni de les transporter sans une autorisation spéciale. En outre, la prise en charge par des spécialistes est une garantie pour l'oiseau de retrouver, un jour, la voie des airs et la liberté, si bien entendu sa blessure le permet.

LA PROTECTION DES ESPÈCES

En dépit de leur relative abondance, un grand nombre d'oiseaux, y compris parmi les espèces qui nichent dans nos jardins ou nos parcs, sont menacés. En France, l'attitude à leur égard, comme à celui de la faune en général, s'est longtemps articulée autour de deux concepts quelque peu dépassés par les connaissances modernes de la biologie, mais hélas toujours profondément ancrés dans les esprits. Pour beaucoup de gens subsistent en effet d'un côté les espèces « utiles », et de l'autre les « nuisibles ». Le 19 mars 1902 était signée à Paris la première convention internationale sur la protection des oiseaux utiles à l'agriculture. Elle ne sera jamais véritablement mise en œuvre et il faudra attendre la loi de protection de la nature de juillet 1976, intégrée au code rural, pour que la France entérine concrètement la notion de protection des espèces animales sauvages et de leurs habitats. Cette protection s'effectue désormais en application des conventions interna-

La Ligue pour la Protection des Oiseaux
La Corderie Royale - BP 263 - 17305 Rochefort Cedex
Tél. 46 82 12 34
La boutique aux oiseaux
51, rue Laugier - 75017 Paris - Tél. (1) 42 67 04 03
Les autres associations
De nombreuses autres associations de protection de la nature s'intéressent aussi aux oiseaux au niveau national, régional ou départemental, la plupart du temps en coordination avec la LPO. Citons en particulier :

■ Le **Fonds d'intervention pour les rapaces** (FIR), spécialisé dans l'étude et la défense des oiseaux de proie. Il est notamment à l'origine de la réintroduction des grands vautours.
11, avenue du château de la Malmaison - 92500 Rueil-Malmaison
Tél. (1) 47 16 77 95

■ La **Société nationale de protection de la nature** (SNPN), qui gère notamment la réserve nationale de Camargue et celle du lac de Grand–Lieu, près de Nantes.
57, rue Cuvier, BP 405 - 75221 Paris Cedex 05 -
Tél. (1) 47 07 31 95

■ L'**Association pour la protection des animaux sauvages et du patrimoine naturel** (ASPAS), qui est essentiellement une association militante.
BP 34 - 26270 Loriol - Tél. 75 62 64 86

■ Le **WWF–Fonds mondial pour la nature,** spécialisé dans la collecte de fonds en vue du financement d'actions de protection de la nature.
151, boulevard de la Reine - 78000 Versailles - Tél. (1) 39 24 24 24

■ **France Nature Environnement** (FNE), qui regroupe les fédérations régionales et la plupart des associations locales de protection de la nature ayant une activité ornithologique.
57, rue Cuvier - 75005 Paris - Tél. (1) 43 36 79 95

tionales de Berne sur la vie sauvage, de Bonn (ONU) sur les espèces migratrices, et de la directive de la Communauté européenne sur les oiseaux sauvages, toutes signées en 1979. Aujourd'hui, la plupart des oiseaux sont protégés, à l'exception des espèces classées gibier et de quelques autres considérées comme nuisibles, souvent sur la base d'une argumentation discutable qui tient plus des croyances populaires et d'une vision étroite des choses de la nature que d'une réalité scientifique. Un examen plus approfondi des textes montre qu'il existe

aussi des espèces « protégées-nuisibles » (comme le grand cormoran), qui peuvent faire l'objet d'opérations de régulation dans certaines conditions, d'ailleurs plus ou moins bien contrôlées...
S'agissant des espèces protégées, il est interdit de détruire les oiseaux en tout temps et en tout lieu, de même que leurs œufs ou leurs nids, de les mutiler, de les capturer et de les transporter vivants ou morts. C'est ainsi que la naturalisation d'une chouette trouvée morte sur le bas-côté de la route est totalement illégale ! Cette décision a été prise afin de ne pas encourager les trafics qui se développaient autour des espèces rares. Dans le même esprit, un commerçant n'a pas le droit d'exposer en vitrine une espèce protégée, naturalisée, sauf à disposer d'une autorisation expresse. Enfin, si la loi autorise la chasse d'un certain nombre d'espèces, elle en interdit le commerce (que les oiseaux soient vivants ou morts) à l'exception de sept d'entre elles : le canard colvert, la perdrix grise, la perdrix rouge, le faisan de Colchide, le pigeon ramier, le lagopède des saules et la perdrix de Barbarie.

La protection des habitats

Si la protection des oiseaux présente un intérêt évident, la nécessité de protéger aussi leurs habitats est apparue rapidement. Certains sont aujourd'hui extrêmement menacés, à l'image des zones humides dont l'étendue et la qualité ne cessent de se réduire et de se dégrader. Cette notion s'est d'abord illustrée par la création de sanctuaires dans les parcs nationaux dès 1960, puis par celle de réserves naturelles et d'arrêtés de biotope à partir de 1976. Un certain nombre d'inventaires de terrain, notamment des « zones naturelles d'intérêt écologique, faunistique et floristique » (ZNIEFF) ou des « zones importantes pour la conservation des oiseaux d'Europe » (ZICO), ont par ailleurs permis d'alerter les élus locaux et les pouvoirs publics sur la valeur de certaines parties du territoire dont ils ont la gestion. Plus récemment, on a vu se créer ici et là des conservatoires du patrimoine naturel, aujourd'hui réunis au sein de la fédération Espaces naturels de France, dont la mission, à l'instar du Conservatoire du littoral créé par l'État, est d'acquérir les sites disponibles les plus intéressants, ou tout au moins d'en négocier la maîtrise d'usage afin d'assurer la pérénité de leur intérêt pour la faune et la flore. La directive sur la conservation des habitats naturels, de la faune et de la flore, votée par la Communauté européenne le 21 mai 1992 et qui se met progressivement en place, devrait aboutir à l'identification puis à la gestion concertée et contractuelle d'un certain nombre de territoires.

La Ligue pour la Protection des Oiseaux

Bien entendu, ces acquis n'ont été possibles que grâce au travail d'étude et de sensibilisation entrepris par les associations de protection de la nature, au premier rang desquelles figure la Ligue pour la Protection des Oiseaux (LPO), fondée dès 1912 et qui compte aujourd'hui quelque 20 000 adhérents. Cette importante association, présidée par Allain Bougrain-Dubourg, s'appuie sur un réseau d'associations régionales. Elle est elle-même la représentante en France de la BirdLife International regroupant 20 grandes associations nationales, représentée dans une centaine d'autres pays, qui totalise ainsi plus de 1 300 000 adhérents ! Un des objectifs de cette organisation internationale est notamment d'assurer aux oiseaux une protection cohérente et un certain nombre de sites refuges tout au long de leurs voies de migration. La LPO gère d'ailleurs plusieurs réserves naturelles, dont la plus ancienne dans notre pays est celle des Sept-Îles, au large de Perros-Guirec. Elle gère aussi les réserves de Lilleau des Niges sur l'île de Ré, des marais de Moëze et d'Yves au sud de Rochefort, de Mullembourg sur Noirmoutier et du Bec-d'Allier au confluent de la Loire et de l'Allier (avec l'Office national des forêts). Elle participe également à la gestion de plusieurs autres réserves en France. Enfin, cette association organise de nombreuses manifestations et diffuse une abondante documentation sur les oiseaux. Elle assure un important travail de sensibilisation du public, notamment à l'intention des scolaires, et édite une très belle revue trimestrielle : *L'Oiseau magazine*. Son travail repose sur une base scientifique importante qui lui permet de suivre l'évolution des populations d'oiseaux les plus menacées en France et en Europe, à travers le réseau de ses bénévoles et de ses chargés d'études.

INDEX DES NOMS LATINS

BIBLIOGRAPHIE

DOCUMENTATION GÉNÉRALE

Atlas des oiseaux en hiver en France, D. Yeatman-Berthelot, Société ornithologique de France.
Le Chant des oiseaux, Sang de la Terre.
Nouvel Atlas des oiseaux nicheurs de France, D. Yeatman-Berthelot, Société ornithologique de France.
Les Oiseaux, Bordas Encyclopédies.

IDENTIFIER LES OISEAUX

Guide des oiseaux de France et d'Europe, R. Peterson, G. Mountfort et P.A.D., Delachaux et Niestlé.
Guide des rapaces diurnes, B. Gensböl, Delachaux et Niestlé.
Identifier les oiseaux, Delachaux et Niestlé.
Les Oiseaux d'Europe, L. Johnson, Nathan.
Les Oiseaux de France, J.-C. Chantelat, Solar.
L'Ornithologie pratique, J. Gooders, Solar.
La Passion des oiseaux, Ph. Dubois, Sang de la Terre.

AIDER LES OISEAUX

L'Ami des oiseaux, R. Burton, Bordas.
La Maison nichoir, J.-F. Noblet, Éditions Terre Vivante.
Nichoirs et mangeoires à fabriquer soi-même, Éditions Sologne Nature Environnement (1, av de Toulouse, 41600 Nouan-le-Fuzelier).
Observer la vie sauvage chez soi, M. et C. Bouchardy, Bordas.

Imprimé en France par PPO juillet 1996